시집간 금강경

석호스님은 1961년 경남 함안 출생.
'84년 팔공산 동화사에서 의현스님을 은사로
출가, 대강백 학봉스님으로부터 경학전수.
제방선원 및 토굴에서 정진.
현재 대구 앞산 시방사에서 전법활동 중.
저서로 수행서 '나를 알면 살기 쉽다'와
'나를 바꾸는 108배 대참회문'
수필집 '작은 기적'이 있음.

시집간 금강경

석 호 응송(應頌)

도서출판 연 화

서 문 /

송차(松茶)와 송주(松酒)

　지리산 토굴에 사는 도반스님이 손수 담근 거라며 송차를 한 병 보내왔다. 뚜껑을 여니 솔향기가 코끝을 당긴다. 솔숲에 들어앉은 것 마냥 기분이 상쾌하다. 기왕지사 뚜껑을 열었으니 맛을 보는 건 당연한 일, 하얀 찻잔에 연노란 차를 따른다. 마셔보니 적당히 단맛이 나는 게 내 입에 딱 맞다. 향은 지리산을 마신듯하니 더 말할 나위가 없다. 한 잔 더 따른다. 홀짝홀짝……, 마시고 또 마시다 보니 어느새 1.5L PT병의 절반이 비어버렸다.
　문제는 거기서부터 시작되었다. 얼굴이 슬슬 달아오르더니 머리까지 어질어질해 져서 영 정신을 차릴 수가 없다. 마실 때 술맛을 약간 느끼긴 하였지만 차 맛이려니 하여 즐기기까지 했는데 이 정도일 줄은 몰랐다. 거울을 보니 얼굴과 목덜미가 온통 벌겋게 물들어 있었다.
　원래 송차는 비구니 스님들이 즐겨 담그는데, 언젠가 석남사에서 한 스님에게 송차 담그는 법을 물어봤을 때, 5월에 솔잎

새순을 따 깨끗이 씻은 다음 증류수와 설탕을 부어 밀봉해 두면 되는 것으로 들었었다.
 지리산의 도반스님도 그런 방식으로 담갔을 것이 틀림없으련만 이 정도의 취기를 느낄 정도라면 송차가 아니라 송주라 부름이 옳지 않겠는가? 그도 애매한 것이 내가 차로 알고 마셨으니 차가 맞는 것 같고, 마시고 난 뒤 취했으니 술이 맞는 것도 같다. 송차인가? 송주인가?

 내가 지금 쓴 이 글이 그렇다. 써 놓고도 내 글이 번안물(飜案物)인지 창작물(創作物)인지 모르겠다. 부처님의 말씀인 경(經)을 보고 썼으니 '번안'이라 해야 맞는 것 같고, 차를 마시고 취한 것처럼 경을 보고 난 감응을 노래하였으니 '창작'이라 해야 옳은 것도 같다. 하지만 딱 부러지게 '무엇'이라고 꼽기에는 곤란한 점이 분명 있는 것 같다. 무어라 확정하기는 어렵지만 해결책이 없는 것은 아니다.
 금강경 원문의 내용 중에 '所言法相者(소언법상자)는 如來說卽非法相(여래설즉비법상)일새 是名法相(시명법상)이니라'(진리의 모양이라는 것은 여래가 말하기를 진리의 모양이 아니므로 진리의 모양이라 한다.)는 구절이 나오는데, 여기에 해답이 있다. 풀어보면, 진리의 모양이라는 것은 본래 없으므로 진리의 모양이 아니란 말이고, 또 진리의 모양이 아닌 그것이 곧 진리의 모양이라는 말로서 진리의 모양이 '이것이니 저것이니' 하는 분별은, 마치 배고픈 사람이 밥은 먹지 않고 '밥, 밥'하고 아무리 부르짖어도 배가 부르지 않는 것 같이, 공연한 짓이므로 진리

의 모양이 본래 없는 그 속으로 바로 들어가면 깨달음을 얻는다는 뜻이다.

그와 같이 송차니, 송주니, 번안이니, 창작이니 하는 것도 이름일 뿐이지 본래 있는 것이 아니라서 분별하여 구분 지으려 하는 것은 전혀 중요하지 않다는 결론이다. 차가 있으면 마시면 되고, 글이 있으면 읽으면 된다. 맛을 알아차리는 것은 그 다음이다.

이 글을 맛봄에 있어서 미리 알아둬야 할 몇 가지를 소개한다.

첫째, 금강경은 장로 수보리와 부처님과의 대화로 구성되어져 있다는 사실이다. 수보리가 묻고 부처님이 답하는 형식으로 꾸며져 있다. 여기서 유념할 것은 수보리라는 인물이 보살의 지위에 있다는 점이다.

보살이란 나만 평안해 지고자 하지 않고 남까지도 평안하게 만들려는 우주적 삶에 동조하는 존재를 말함이니, 그러한 존재의 물음 역시 그와 같은 수준에서 나온다. 곧, 독자의 정신이 보살과 같이 고양돼 있어야 경의 뜻을 알 수 있다는 등식이 성립 된다.

그래서 필자는 (경의 의미에 어긋나지 않는 범위 안에서) 그 정신적 간격을 무마시키는 데에 가장 많은 노력을 기울였다. 그 결실의 숙성 여부는 독자가 판단할 몫이다.

둘째, 범본(산스크리트어본)으로 된 금강경을 처음 한문으로 번역한 인물은 구마라집(Kumarajiva A.D 344~413)이다. 구마라집이 번역할 때는 분(分;장,절)의 구분이 없었으나 중국의 남북

조 시대, 양무제의 장남인 소명태자(A.D 501~531)가 각 부분마다 작은 제목을 붙였고, 그것이 오늘날 우리가 대하고 있는 32분으로 된 금강경 한역본(漢譯本)이다.

　소명태자의 주석(註釋)이 적절할 수도 있고 그렇지 않을 수도 있지만 무려 1500년 동안 명안종사들의 찬사 속에서 유통되어 왔다는 점으로 미루어 그의 관점을 따라야 한다는 것이 나의 생각이다.

　그래서 본서(本書) 각 분의 머리에는 소명태자가 붙인 소제목을 한글로 직역하였고, 각 분의 말미에는 원문 그대로 명기해 놓았다. 다만 필자가 달리 각 분의 전체적 소감을 짧은 대구(對句)로 머리에 달아 독자의 이해를 구하고자 하였다. 이 점을 알아두라.

　셋째, 본서를 전개함에 있어서 바수반두(Vasubandhu 세친世親 A.D 400~480년경)의 금강경 주석인 27단의설(斷疑說)을 축으로 삼았다는 점이다. '27단의설'이란 경의 내용상에는 전혀 나타나 있지 않지만 부처님의 설법 사이사이에 일으키는 27가지 의심을 말한다.

　물론 그 의심은 수보리가 하는 것으로 치지만, 국한하여 수보리의 의심이라 할 수는 없고, 바수반두의 의심일 수도 있고, 필자의 의심일 수도 있으며, 독자의 의심이 될 수도 있다. 누구의 의심이 되었건, 또는 그 의심이 온당하든 온당치 못하든, 그건 논쟁할 필요가 없다.

　다만 그 의심이 경의 구간마다 뜬금없이 내놓는 부처님의 말씀을 연결시켜주는 근거를 마련한 점에서(원문은 생략이 파격적이

라서 이해하기 힘들다.) 합당한 주석이란 것이 나의 개인적 생각이다.

요행히, 몇 해 전 열반하신 동화사 학봉 대강백께서 생전에 '금강경오가해'를 강설하시면서 소납에게 챙겨주신 기록이 남아 있어서 27단의를 파악하는 데에는 어려움이 없었다. 본서에서는 독자 여러분이 27단의 내용을 쉽게 알 수 있도록 차례란의 페이지에 61*식으로 표를 해 놓았다.

마지막 한 가지는 본서에 금강경 원문을 수록하지 않았다는 점이다. 필자가 글을 전개하면서 방식이 다를 뿐, 원문의 내용을 빠뜨리지 않은 것이 이유이다. 또한 '독자가 너무 분석적인 시각으로 접근하다 보면 도리어 난해함에 부딪칠 수도 있겠다'는 우려가 생긴 때문이기도 하다. (필요하다면 원문은 어디서나 쉽게 찾을 수 있다.)

필자는 불경을 전문적으로 연구하는 학승(學僧)도 아니고 뛰어난 문장가도 아니다. 단지 부처님 말씀을 따르는 수행자의 한 사람으로서 금강경이 보다 다양한 계승으로 확산되었으면 하는 바람으로 이 글을 썼다.

가벼운 마음으로 읽어 가면 저절로 감응이 일어날 것으로 본다. 그에 맞추어 독자가 책의 표정을 다소나마 편안하고 가볍게 마주하게 되기를 바라 책 제목을 「비움의 법칙」으로 하였다. 금강경에 어울리는 제목이 아닐까 한다.

필요한 말만 쓰려 했는데 서문이 많이 길어졌다. 아직도 누군가 '송차가 맞나? 송주가 맞나?'며 외치고 있는 이유랄까.

앞의 서문은 2010년도 가을, 이 글을 탈고하고 나서 책의 출간을 준비하면서 썼던 것이다. 그랬던 것이 나의 끈기 부족과 금전적인 이유로 출판은 기약 없이 미뤄졌다.

속으로는 이 책의 출간을 목이 빠져라 고대했었다. 작년에 펴낸 수필집 '작은 기적' 속에서는 '나의 금강경'이란 소제목으로 그 사정까지 소개하기도 했다. 솔직히 말하면 '작은 기적'을 출판한 이유도 순전히 이 책을 펴낼 재원을 마련하기 위해서였다.

시집보다 수필집이 더 잘 팔리지 않겠냐는 계산에서였다. 예상은 보기 좋게 빗나갔고, 나는 빚만 더 졌다. 뜻대로 되지 않는 것이 인생이란 걸 알면서도 '참, 인생 뜻대로 안 된다' 싶었다.

하지만 나는 나의 금강경을 사랑했다. 내 인생에서 가장 많은 에너지를 쏟아 부은 글이기에 더욱 그랬다. 언젠가는 대중과 그 감응을 꼭 나누고 싶었다.

다행히 이번에 권인선님, 김건현님, 김옥임님, 박성민님, 손채옥님, 유금수님, 이미숙님, 지차연님, 한승훈님, 황경숙님께서 합심하여 출판비용을 대 주셨다. 참으로 고맙고, 이들 공덕주들의 앞날에 부처님의 광명이 늘 함께 하길 엎드려 빈다.

하지만 두렵다. 이 책이 독자로부터 외면당할까봐 두렵다. 앞선 실패경험이 1차 경고를 받은 축구선수처럼 과감한 시도를 가로막는다. 그래서 얕은 술책이지만 당초 '비움의 법칙'이라 정했던 제목을 '시집간 금강경'으로 바꾸었다. 제목부터 독자의 관심을 끌어보자는 속셈이다.

하지만 속임수는 분명 아니다. 여자가 시집을 가면 처녀 때와 달리 형편이 바뀌듯이 나로서는 이 책의 출판 행위자체가 나의 금강경을 시집보내는 셈이고, 또, 의미는 같지만 2000년 전의 표현이 2000년 후 지금 나의 표현으로 변형되었기에 금강경이 나에게 시집온 셈도 된다. 그리고 또 한 가지— '시집 간'은 '시집간(詩集刊)'이 분명하니까….
 이제 시집간 금강경이 소박을 맞을 지, 왕후대접을 받을 지, 그 결정은 독자의 몫이다.

2012년 눈 내리는 앞산에서   석 호 씀

차 례

서문 / 5

1. 법회가 열린 까닭 ················· 19
   -. 이와 같이 나는 들었다 / 21
   -. 붇다 / 24
   -. 슈라바스티 / 26

2. 수보리가 법을 청하다 ················· 29
   -. 수보리 / 31
   -. 저 언덕 넘기 전에 / 33
   -. 다타아가도 / 35
   -. 귀를 열고 들어라 / 37

3. 대승의 바른 가르침 ················· 39
   -. 마음을 일으켜 마음을 죽이니 / 41
   -. 마음이 하늘 되다 / 43
   -. 그물의 바람처럼 / 46

4. 묘행은 머무름이 없다 ················· 49
   -. 주사위는 던져지고 / 51
   -. 거기 머문다 해도 / 53
   -. 이와 같이 준다면 / 55

5. 진리를 실답게 보라 ·················· 59
  -. 따로 무엇을 구하는가? / 61*
  -. 정한 몸 아니거니 / 63
  -. 눈을 감고 보라 / 65
  -. 없다 없다 없다 / 68

6. 바른 믿음은 드물다 ·················· 71
  -. 무엇으로 믿을까 / 73*
  -. 그런 말은 말아라 / 74
  -. 다 알고 다 본다 / 76

7. 얻을 것도 없고 설할 것도 없다 ········· 79
  -. 깨달은 자는 머물러도 되는가 / 81*
  -. 말씀이 번갯불 되어 / 82
  -. 굳이 말로 하자면 / 84

8. 법에 기대어 태어나다 ·················· 87
  -. 사람마다 달라도 / 89
  -. 무슨 선물 줄 것인가 / 91
  -. 말은 말이 아니다 / 93

9. 정한 모양은 모양이 없다 ·················· 95
  -. 법을 따로 세운 까닭은 / 97*
  -. 피어 있어 꽃이라 부른다 / 99
  -. 이름은 본질 아니거니 / 102
  -. 자기를 남기지 마라 / 104

10. 정토를 장엄하다 ·················· 107
  -. 연등불이 주신 것은? / 109*
  -. 불지 않으면 바람이 아니다 / 111

一. 거울마음 본다면 / 113*
　　　一. 돌이 모여 돌탑을 이루지만 / 115*
11. 지혜를 얻는 복이 가장 뛰어나다 ·········· 117
　　　一. 항하의 노래 / 119
　　　一. 애초에 형상 없었으니 / 121
　　　一. 공덕 / 123
12. 바른 가르침을 존중하라 ····················· 125
　　　一. 크고 높은 것은 / 127
　　　一. 말씀이 있는 곳에 / 129
　　　一. 가고 또 가노라면 / 132
13. 법답게 받아 지녀라 ·························· 135
　　　一. 반야는 반야가 아니다 / 137
　　　一. 고향에 살기에 / 140
　　　一. 여래의 세계는 / 143
14. 모양을 여의어 평안에 이르다 ············· 147
　　　一. 내 가슴에도 눈물이 / 149
　　　一. 맑고 가벼운 바람이 되어 / 152
　　　一. 적멸굴 가는 길 / 155
　　　一. 비움의 이유 / 160
　　　一. 이 경을 지녀도 괴로운 과보는? / 163*
　　　一. 비움의 법칙 / 165
　　　一. 길 모르는 사람에게 / 169*
　　　一. 그대로 믿고 행하라 / 171
　　　一. 깨·달·음 / 173*
　　　一. 아이야, 문 닫지 마라 / 175

15. 경을 지니는 공덕 ·················· 179
　　-. 믿음은 엄마의 고구마 / 181
　　-. 알 수 없고 셀 수 없고 가없는 공덕 / 183
　　-. 철물점 아저씨 / 186

16. 능히 업장을 맑히다 ·················· 191
　　-. 아픔의 경로 / 193
　　-. 참으로 착하게 살아도 / 195
　　-. 불가사의라 할 뿐 / 197

17. 마침내 나는 없다 ·················· 199
　　-. 누가 머물고 누가 가나요? / 201*
　　-. 이미 다 갖추고 있으므로 / 203
　　-. 이 무슨 어그러진 소식인가? / 205*
　　-. 서진암엔 아무도 오지 않는다 / 207
　　-. 부처를 나투어 법을 열어 / 210*
　　-. 지금 보이나니 보이느냐? / 212
　　-. 깡그리 거룩한 밝음이라면 / 216*
　　-. 우포늪 보살 / 219

18. 한 몸으로 같이 보다 ·················· 223
　　-. 아무런 차별 이루지 않으니 / 225*
　　-. 바우 엄마 / 227
　　-. 마음의 행방 / 232

19. 세상이 두루 교화되다 ·················· 237
　　-. 꽃처럼 향기처럼 / 239*
　　-. 시지프를 상상하며 / 241

20. 색과 모양을 떠나다 ················· 245
    -. 무위법에 견주어 / 247*
    -. 몸 없는 몸이 / 249
21. 말하여도 말함이 아님 ··············· 253
    -. 어떻게 설법하나? / 255*
    -. 침묵을 얘기함 / 257
22. 진리는 얻을 것이 없다 ··············· 259
    -. 보살의 행로 / 261*
    -. 사평산에서 / 265
23. 깨끗한 마음으로 선을 행하라 ········· 269
    -. 사막을 건너는 법 / 271
    -. 금옥이 보살 / 274
24. 복과 지혜는 비교할 수 없다 ·········· 277
    -. 깨달음은 즐거움이라서 / 279*
    -. 해탈의 경로 / 281
25. 교화해도 한 것이 없다 ··············· 285
    -. 시방사 은행나무 / 287*
    -. 임 만호 교장선생님 / 290
26. 법신은 모양이 아니다 ··············· 295
    -. 이 중섭을 생각하며 / 297*
    -. 딱 잘라 말하여 / 300
27. 끊어짐도 멸함도 없다 ··············· 303
    -. 허공과 같으니 / 305*
    -. 돌아가는 것은 가능하다 / 307

28. 받지도 않고 탐내지도 아니함 ·············· 311
　　ㅡ. 출세의 두 가지 / 313
　　ㅡ. 큰 꿈 가진 사람은 / 315
29. 든직한 거동이 아주 고요하다 ·············· 319
　　ㅡ. 복덕의 행방 / 321*
　　ㅡ. 여래도 해와 같이 / 323
30. 하나로 합쳐 존재를 깨치다 ················ 327
　　ㅡ. 허공과 소리처럼 / 329*
　　ㅡ. 대답하자니 그럴 뿐 / 332
31. 알음알이 본래 없다 ····························· 337
　　ㅡ. 홍류동에서 / 339
　　ㅡ. 무주스님 / 343
32. 형상으로 나타나는 건 참이 아니다 ······ 349
　　ㅡ. 용서 하소서 / 351*
　　ㅡ. 매순간이 설법이지만 / 353
　　ㅡ. 저멸에 들면 / 356*
　　ㅡ. 공존의 이유 / 357

1. 법회가 열린 까닭

- 이와 같이 나는 들었다
- 붇다
- 슈라바스티

> 어딘들 원인이 없으랴
> 솔바람 소리에
> 산새가 깃을 오므리는 걸

諸菩薩世尊善男子善女人發阿耨多羅三藐三菩提心應云何住云何降伏其心佛言善哉善哉須菩提如汝所說如來善護念諸菩薩善付囑諸菩薩汝今諦聽當為汝說善男子善女人發阿耨多羅三藐三菩提心應如是住如是降伏其心唯然世尊願樂欲聞佛告須菩提諸菩薩摩訶薩應如是降伏其心所有一切眾生之類若卵生若胎生若濕生若化生若有色若無色若有想若無想若非有想非無想我皆令入無餘涅槃而滅度之如是滅度無量無數無邊眾生實無眾生得滅度者何以故須菩提若菩薩有我相人相眾生相壽者相即非菩薩復次須菩提菩薩於法應無所住行於布施所謂不住色布施不住聲香味觸法布施須菩提菩薩應如是布施不住於相何以故若菩薩不住相布施其福德不可思量須菩提於意云何東方虛空可思量不不也世尊須菩提南西北方四維上下虛空可思量不不也世尊須菩提菩薩無住相布施福德亦復如是不可思量須菩提

說不受福德須菩提若有人言如來若來若去若坐若臥是人不解我所說義何以故如來者無所從來亦無所去故名如來須菩提若善男子善女人以三千大千世界碎為微塵於意云何是微塵眾寧為多不甚多世尊何以故若是微塵眾實有者佛則不說是微塵眾所以者何佛說微塵眾則非微塵眾是名微塵眾世尊如來所說三千大千世界則非世界是名世界何以故若世界實有者則是一合相如來說一合相則非一合相是名一合相須菩提一合相者則是不可說但凡夫之人貪著其事須菩提若人言佛說我見人見眾生見壽者見須菩提於意云何是人解我所說義不不也世尊是人不解如來所說義何以故世尊說我見人見眾生見壽者見即非我見人見眾生見壽者見是名我見人見眾生見壽者見須菩提發阿耨多羅三藐三菩提心者於一切法應如是知如是見如是信解不生法相須菩提所言法相者如來說即非法相是名法相須菩提若有人以

이와 같이 나는 들었다

이와 같이 나는 들었다
아난다*여
당신의 그 말씀 체로 거른 듯 물로 헹군 듯
별마다 나라마다 어둔 눈 뜨게 하는
약의 씨앗 되어
한 세상 소용돌이 잠을 재우고
한 티끌 속임 없단 군말마저 죽이고
새벽을 열어 아침을 열어
부처님 나라 문 없는 문도 열어
풀잎에 이슬, 꽃과 나비, 하늘과 땅
너와 나, 이 모두 사랑되어 살게 하였네
아, 그러나 말씀이 있기 전
아난다여
그대는 가슴앓이 몸부림치다가
까만 밤 피로 물들인 한 떨기 상사초
그 밤 애 태우던 욕망의 불꽃
나는 누구인가?
팔만사천법문 다 외워도 몰랐고

마등가*의 품속에서도 몰랐던 그 일
나는 누구인가?
에라, 모르겠다 놓아버린 그 순간
꿈이 흩어져 빛이 되지 않았는가
몸은 낙엽이요 마음은 신기루
한 바탕 웃고 한 바탕 우니
그 웃음 그 눈물
고마움과 그리움인 줄 왜 모르랴
오늘 화창한 봄날
칠엽굴* 너럭바위 올라앉은 장부여
이와 같이 나는 들었다
그 외침 어이하여 나를 울리는가
고향을 곁에 두고 오십 년 타향살이
그 설움 날리려고 나를 울리는가

---

*아난다: 부처님 십대제자 중 한 분으로 다문제일, 천재적인 암기력으로 부처님의 말씀을 모두 암송한 인물. 부처님의 시자로서 부처님 열반 후에도 깨달음을 얻지 못하다가 칠엽굴 결집회의가 있던 날 새벽에 아라한과를 얻어 기적적으로 회의에 참석할 수 있었다는 일화가 전해옴.
  *마등가: 신분이 낮은 계급명으로서 아난다를 유혹했던 창녀. 아난다를 유혹한 계기로 육욕의 슬픔을 느껴 출가하여 아라한의 경지에 오름.
  *칠엽굴: 500명의 아라한이 모여 부처님 말씀을 최초로 결집하였던 장소

로서 마가다국의 왕사성 영축산에 위치함. 이 장소에서 부처님의 상수제자 가섭이 우바리를 청하여 부처의 율장을 모으고 아난으로 하여금 부처의 경장을 모으게 했는데, 아난이 자리에 올라앉으니 모였던 사람들이 의심을 세 가지로 하되, 하나는 '부처님이 다시 나신 것이 아닌가' 하고 또 하나는 '다른 세계의 부처가 오신 것이 아닌가' 하고 또 하나는 '아난이 벌써 부처가 된 것이 아닌가' 하더니 아난이 이르기를 '여시아문(如是我聞)'이라 하니 모든 의심이 다 훤하게 가시었다고 전한다.

붇다(Buddha)*

나누어 질 수 없기에 하나라고 부르나
하나라고 불러도 어긋나서 열리지 않는
장막 너머 빛고을 넘어간 이시여
붙들자니 붙들 모양 없고
부르자니 부를 이름 없어
그리워할 수밖에 없으나 그리려하여도
일렁거리는 물 속 이지러지고 구부러진 얼굴마냥
알아차려 쉽게 그릴 수 없네
그러나 우리 사는 곳곳마다 가는 곳마다
나타나서 보여주고 말해주고 다독거려주심이란
보는 자만 보고 듣는 자만 듣는
차별 있으니
마음 밖에 따로 구하면 멀어지고
지금 그 마음 바로 볼 수 있으면
그 마음 그대로 붇다인 것이니
석가모니불 아미타불 그런 이름 말고도
꽃을 보면 꽃부처 향기 맡으면 향기부처
온 세상 그득

살고 죽고 머무르는 사이사이 점점이
붇다 없는 자리 발 디딜 수 없나니
이미 넘어가셨단 거룩한 모순은
한 티끌도 빠짐없이 머금었단 말이거니

*붇다(佛陀, Buddha) : '깨달은 사람(覺者)'이란 뜻이니, 즉 미망(迷妄)을 여의고 스스로 모든 법의 진리를 깨닫고 또 다른 중생을 교도하여 깨닫게 하는 자각과 각타(覺他)의 두 가지 실천행을 원만히 성취한 분. 처음에는 보리수 밑에서 성도하신 역사적 인물인 석가모니에 대한 칭호로 사용되었으나 불교의 교리가 발달함에 따라 과거, 현재, 미래의 모든 부처님이 있다고 하여 일반적으로 깨달은 사람 모두를 칭하게 되었고, 또 일체중생에게도 부처님의 성품인 불성(佛性)이 함장 되었다고 봄. 붇다(인도)→불타(중국)→부처, 부처님(우리나라)

슈라바스티(S'ravasti)*

코끼리 부리는 사람 코끼리를 부리고
말 부리는 사람 말을 부린다
병사들아 발 맞춰라 승리의 깃발 높이 올리고
개선의 노래를 불러라
악사는 피리를 부른다 나팔을 울린다
성벽 아래 시장에는 과일 장수 고기 장수
옷감 장수 그릇 장수 괭이며 가래며
박하분에 장신구 겨자씨까지
없는 것 없이 줄지어 늘어서고
마술부리는 사람 곡예하는 사람 동냥하는 사람
무역상에 소상인 시끌벅적한
아, 슈라바스티 살아 숨쉬는 영광이여
제타동산*에 붉은 해 솟아오르면
오렌지 가사* 물결 기러기 행렬되고
집집마다 음식준비 아낙 손길 바빠진다
오른발 왼발 한 걸음이 그대로 선정이고
비는 밥 한 주걱이 만 존재의 피와 땀
일곱 집 안 거르고 고루 가심은*

마음에 시비귀천 차별이 없음이니
늠름히 앞장선 세존 한 분만으로도
넘치는 영광이다 슈라바스티
급고독원* 아침은 평등공양이요 감사의 공양이며
선정의 공양이며 회향의 공양이라
세존께서 발우를 거두시고 가사를 추스르고
발을 씻고 앉으시어 손길 하나하나
전심전념 아끼고 보살피니
남을 자기로 봄이지 어찌 남을 남으로 봄이랴
코끼리를 부리는 사람 코끼리를 부리고
말을 부리는 사람 말을 부리는 손길과
같은 것이지
99만 사람들이 그와 같이 살았던
세존이 계시어 더욱 그 같이 숨 쉬던
영광의 도시 슈라바스티
지금은 폐허되어 흔적조차 없고
그 이름도 바뀌어 사헤트모헤트라

---

*슈라바스티: 코잘라국의 수도 사위성으로 '영광의 도시'라는 뜻을 지님. 석가모니 부처님께서 25년간 살았던 도시, 경에는 사위국으로 기재함.
*제타동산: 기원정사가 자리한 숲. 제타 왕자가 기증하였음. 경전에는 기

수(祇樹)라고 칭하였음.

*가사(kaskya): 승려가 입는 법의로서 청,황,적,백,흑의 오색을 섞은 색인 괴색을 의미함.

*칠가식(七家食): 승려가 걸식 시에 차별 없이 일곱 집을 들러 평등심을 가지는 것.

*급고독원(給孤獨園): 기원정사의 본명. 기원정사를 지어 부처님께 헌납한 가난한 이를 돕는 장자 수자타의 별칭 급고독장자로부터 따온 이름.

〈법회인유분(法會因由分) 제 一까지〉

2. 수보리가 법을 청하다

-. 수보리
-. 저 언덕 넘기 전에
-. 다타아가도
-. 귀를 열고 들어라

드문 걸 보는 눈 어디서 오나
맑은 샘물은 햇살 비추면
속까지 빛을 받아먹고
빈 소라껍질은 가는 실바람에도
파도소리를 낸다

爾時須菩提白佛言：世尊！善男子、善女人，發阿耨多羅三藐三菩提心，云何應住？云何降伏其心？佛告須菩提：善男子、善女人，發阿耨多羅三藐三菩提心者，當生如是心：我應滅度一切眾生。滅度一切眾生已，而無有一眾生實滅度者。何以故？須菩提！若菩薩有我相、人相、眾生相、壽者相，即非菩薩。所以者何？須菩提！實無有法發阿耨多羅三藐三菩提心者。

復次，須菩提！菩薩於法，應無所住，行於布施，所謂不住色布施，不住聲香味觸法布施。須菩提！菩薩應如是布施，不住於相。何以故？若菩薩不住相布施，其福德不可思量。須菩提！於意云何？東方虛空可思量不？不也，世尊！須菩提！南西北方四維上下虛空可思量不？不也，世尊！須菩提！菩薩無住相布施，福德亦復如是不可思量。須菩提！菩薩但應如所教住。

須菩提！於意云何？可以身相見如來不？不也，世尊！不可以身相得見如來。何以故？如來所說身相，即非身相。

須菩提！於意云何？若有人滿三千大千世界七寶以用布施，是人所得福德寧為多不？須菩提言：甚多，世尊！何以故？是福德即非福德性，是故如來說福德多。

須菩提！於意云何？三千大千世界所有微塵，是為多不？須菩提言：甚多，世尊！須菩提！諸微塵，如來說非微塵，是名微塵。如來說世界，非世界，是名世界。須菩提！於意云何？可以三十二相見如來不？不也，世尊！不可以三十二相得見如來。何以故？如來說三十二相，即是非相，是名三十二相。

須菩提！若善男子、善女人，以恆河沙等身命布施；若復有人，於此經中，乃至受持四句偈等，為他人說，其福甚多。

須菩提！於意云何？若有人言：如來有所說法。即為謗佛，不能解我所說故。須菩提！說法者，無法可說，是名說法。

須菩提！於意云何？三千大千世界所有微塵，是為多不？甚多，世尊！須菩提！諸微塵，如來說非微塵，是名微塵。如來說世界非世界，是名世界。須菩提！於意云何？可以三十二相見如來不？不也，世尊！不可以三十二相得見如來。何以故？如來說三十二相，即是非相，是名三十二相。

須菩提！若有人以三千大千世界碎為微塵，於意云何？是微塵眾，寧為多不？須菩提言：甚多，世尊！何以故？若是微塵眾實有者，佛即不說是微塵眾。所以者何？佛說微塵眾，即非微塵眾，是名微塵眾。世尊！如來所說三千大千世界，即非世界，是名世界。何以故？若世界實有者，即是一合相。如來說一合相，即非一合相，是名一合相。須菩提！一合相者，即是不可說，但凡夫之人貪著其事。

須菩提！若人言：佛說我見、人見、眾生見、壽者見。須菩提！於意云何？是人解我所說義不？世尊！是人不解如來所說義。何以故？世尊說我見、人見、眾生見、壽者見，即非我見、人見、眾生見、壽者見，是名我見、人見、眾生見、壽者見。

須菩提！發阿耨多羅三藐三菩提心者，於一切法，應如是知，如是見，如是信解，不生法相。須菩提！所言法相者，如來說即非法相，是名法相。

須菩提！若有人以滿無量阿僧祇世界七寶持用布施，若有善男子

수보리*

보고 듣는 상대 보이고 들리는 것
모양과 소리라
모양을 보아 모양의 근본을 알고
소리를 들어 소리의 뿌리를 또한 밝힘이라
흙과 돌 나무 모여 집 된 줄 알아
집에 머물되 집에 머물지 않고
공기 울려
새의 말 새소리 사람의 말 사람소리
차별 이루지만
본래 비었음에 좋다 싫다 따르지 않네
일찍이 석가세손 샹카시아* 오실 적에
영취산* 동굴에 앉아 마중하였고
오늘 이 자리 등지왕삼매(等持王三昧)
얼른 알아차려
희유하다 말씀하여 금강경을 일으키니
그 무엇이 드물고 귀한 일인가
모든 경계 섭수하여 가지런히 지니니
북 울리면 북소리 피리 불면 피리소리

북이 되고 피리 되어 만 가지 차례대로
고이 안고 드리우고 보살피시므로
이를 이름하여 등지왕삼매라
굽은 것을 알아 곧은 것을 알고
곧은 것을 알아 굽은 것을 알 듯
해공제일(解空第一) 그대 아니면
거룩한 그 경계 어찌 알랴
수마나*의 아들이며 수자타*의 조카라
내가 오늘 악수 청하는
그대 이름 수보리

---

*수보리: 부처님 10대제자 중의 한 사람으로 반야경의 핵심이자 이 세계의 구성원리인 공(空)을 잘 이해했다고 하여 해공제일로 불림. 금강경의 기청자.
*샹카시아: 부처님이 어머니 마야부인을 위해 설법하러 도리천에 가셨다가 내려온 하늘 계단이 있는 도시명으로 지금도 그 유적이 남아 있음.
*영취산: 부처님께서 제자들에게 산상설법을 행하였던 장소로서 마가다국 왕사성에 위치함. 영축산, 혹은 가야산이라고도 부름. 수보리는 부처님이 도리천에서 샹카시아로 내려오실 때 진정한 부처님의 몸은 껍데기 육신이 아닌 법의 몸으로 파악하여 동굴 속에서 진리를 사유함으로써 부처님을 제일 먼저 마중하였음.
*수마나: 기원정사를 지은 수자타의 동생이며 수보리의 아버지.
*수자타: 기원정사를 지었으며 평생 부처님과 그 제자들을 후원하여 살았음. 수보리는 수자타가 기원정사를 부처님 교단에 봉헌하는 날 출가한 것으로 전해옴.

저 언덕 넘기 전에

따로 세우지 아니하였으나
오색 깃발 펄럭이는 저 언덕 넘어서면
돌아올 기약 정할 수 없고
설령 돌아온다 하여도
뱃길로 오려나 산길로 오려나
마른하늘에 단비처럼 가늠할 수 없으니
아무런 티내지 않고 남 살피는 까닭이라
세존께서 능히 잘 하시는 그 일
어떻게 닦고 행해야* 그와 같이 되오리까
오른손이 하는 일 왼손이 모르게 하고
왼손이 하는 일 오른손이 모르게 하라던
예수의 말씀이나
오는 바가 없이 오고 가는 바 없이 가신단
여래(如來)의 몸이
표시 없는 것이
깨달은 자의 표시임을 표시하지만
오늘 제가 저 언덕 넘어가고 싶어도
내가 한 일 남이 한 일 구분 짓는 생각

작정한 바 없어도 불쑥 치솟으니
울며불며 매달려도 저 언덕 기어코
넘을 수가 없습니다
아, 저 언덕 넘기 전에
어떻게 그 마음 항복 받아야
표시 없는 장부로 서 있을 수 있습니까
이미 넘어가셨지만 세존이시여
자비 내리시어 그 방법 일러주옵소서
부디 그 묘약 전해 주옵소서
저 언덕 넘기 전에

---

*원문에는 '머물러야'로 돼 있는데 그것을 '닦고 행함'의 두 가지로 풀이하였음.

다타아가도(Tathagata 여래如來)*

하늘의 햇님이 날마다 빛을 주어도
고맙다 하여라 입 뗀 적 없고
울 어머니 자식에게 한없는 사랑 주고도
은혜 갚아라 바란 적 없지만
오늘도 여전히 빛을 주고 사랑 주시듯
가고자 하는 사람 쉽게 가게하고
오고자 하는 사람 선뜻 손 내밀어 주시고도
한량없는 세월 동안 그렇게 하시고도
수보리의 청원에 선재선재(善哉善哉)*라
심는 것마다 거두게 하시고
두드리면 열어주시니
사랑이라 말하여 가두어지고
신통력이라 여겨 부풀려지지만
그래도 저는 지금 칭송하고 원합니다
사랑도 꽃이 되고 신통력도 꽃이 되어
꽃 지고 열매 맺어 저도 남도 거두어
저와 남 싸그리 거듭 거두어 지기를
거둬지고 썩어져 문드러져서

물이 되어 강이 되어 저 바다에 이르기를
그래도 이른 곳 몰라 오리무중(五里霧中)
안개로 물안개로 녹아들게 하소서
아뇩다라샴막삼보리*여
다타아가도여

---

*다타아가도: 부처님의 열 가지 이름중 하나인 '여래'의 범어. 나머지 9가지
는 응공, 정변지, 명행족, 선서, 세간해, 무상사, 조어장부, 천인사, 불세존.
*선재선재: 좋고 좋구나, 참 잘 물었다는 부처님 격려의 말씀.
*아뇩다라샴막삼보리(Anuttar-samyak-sambodhi): 최고의 진리, 또는 최
상의 깨달음이란 뜻을 가진 범어. 한문으로는 무상정등정각(無上正等正覺)
으로 표현.

귀를 열고 들어라

귀도 크고 눈도 크고 코도 크신 부처님
전적으로 열려있음 말해줌을 아옵니다
귀를 열고 들어라 하신 오늘의 말씀
잡티 없애어 따르려 하옵니다
예전에 가야산* 바위 위에 성큼 앉아
눈과 귀 코와 혀 몸과 뜻 전부가
욕망과 성냄과 어리석음으로
불타고 있다 활활 세상 타고 있다*고
외치신 자비심도 알고 있습니다
한 순간이나마 어찌하면
온몸으로 들을 수가 있습니까
어떻게 해야 그렇게 볼 수 있습니까
주의를 기울여라 그 말씀
나를 죽이라는 뜻이옵니까
불타지 않고 꺼짐이 없듯 꺼진 뒤에
눈과 귀 남김없이 다 타버렸나니
무엇이 보고 무엇이 듣습니까
그래서 더욱 주의를 기울여라 말씀하심에

선(善)도 행하지 말라던 뜻
알아차립니다
보이는 세계도 세계이지만
보이지 않는 세계도 세계라는 말씀이지요
어떤 세계를 만들더라도
만든 그 세계 속에 머무는 한
들을 수 없고 볼 수 없단 말씀이지요
귀도 크고 눈도 크고 코도 크신 부처님
오늘 저는 전적으로 당신을 향합니다
열겠습니다
귀를 열겠습니다
열려 있지 않으면 들어올 수 없고
비어 있지 않으면 담을 수 없습니다
복종합니다
따라갑니다
당신의 모두를 따르겠습니다
처분을 내리십시오

---

*가야산: 32쪽 영취산의 딴 이름.
*삼계화택(三界火宅): 세상이 번뇌의 불길에 의해 타고 있다고 외치신 가야산 산상설법 중의 일부.

〈선현기청분(善現起請分) 제 二까지〉

3. 대승의 바른 가르침

-. 마음을 일으켜 마음을 죽이니
-. 마음이 하늘 되다
-. 그물의 바람처럼

나 혼자 살고자 함이 아니다
누에는 나방이 되지 않고
죽어 실타래를 풀어내나니

憍諸菩薩世尊善男子善女人發阿耨多羅三藐三菩提心應云何住云何降伏其心唯然世尊願

佛言善哉善哉須菩提如汝所說如來善護念諸菩薩善付囑諸菩薩汝今諦聽當為

汝說善男子善女人發阿耨多羅三藐三菩提心應如是住如是降伏其心唯然世尊

願樂欲聞佛告須菩提諸菩薩摩訶薩應如是降伏其心所有一切眾生之類若卵

生若胎生若濕生若化生若有色若無色若有想若無想若非有想非無想我皆令

入無餘涅槃而滅度之如是滅度無量無數無邊眾生實無眾生得滅度者何以故須

菩提若菩薩有我相人相眾生相壽者相即非菩薩復次須菩提菩薩於法應無所住行

於布施所謂不住色布施不住聲香味觸法布施須菩提菩薩應如是布施不住於相何

以故若菩薩不住相布施其福德不可思量須菩提於意云何東方虛空可思量不不

也世尊須菩提南西北方四維上下虛空可思量不不也世尊須菩提菩薩無住相布施

福德亦復如是不可思量須菩提菩薩但應如所教住須菩提於意云何可以身相

見如來不不也世尊不可以身相得見如來何以故如來所說身相即非身相佛告

須菩提凡所有相皆是虛妄若見諸相非相則見如來須菩提白佛言世尊頗有眾生得

聞如是言說章句生實信不佛告須菩提莫作是說如來滅後後五百歲有持戒修

福者於此章句能生信心以此為實當知是人不於一佛二佛三四五佛而種善根已於

無量千萬佛所種諸善根聞是章句乃至一念生淨信者須菩提如來悉知悉見是諸

眾生得如是無量福德何以故是諸眾生無復我相人相眾生相壽者相無法相亦無

非法相何以故是諸眾生若心取相則為著我人眾生壽者若取法相即著我人眾生

壽者何以故若取非法相即著我人眾生壽者是故不應取法不應取非法以是義故

如來常說汝等比丘知我說法如筏喻者法尚應捨何況非法須菩提於意云何如來得

阿耨多羅三藐三菩提耶如來有所說法耶須菩提言如我解佛所說義無有定法名阿

耨多羅三藐三菩提亦無有定法如來可說何以故如來所說法皆不可取不可說非法非

非法所以者何一切賢聖皆以無為法而有差別須菩提於意云何若人滿三千大千世

界七寶以用布施是人所得福德寧為多不須菩提言甚多世尊何以故是福德即非福

德性是故如來說福德多若復有人於此經中受持乃至四句偈等為他人說其福勝

彼何以故須菩提一切諸佛及諸佛阿耨多羅三藐三菩提法皆從此經出須菩提所謂

佛法者即非佛法須菩提於意云何須陀洹能作是念我得須陀洹果不須菩提言

不也世尊何以故須陀洹名為入流而無所入不入色聲香味觸法是名須陀洹須菩

提於意云何斯陀含能作是念我得斯陀含果不須菩提言不也世尊何以故斯陀含

名一往來而實無往來是名斯陀含須菩提於意云何阿那含能作是念我得阿那

含果不須菩提言不也世尊何以故阿那含名為不來而實無不來是故名阿那含須

菩提於意云何阿羅漢能作是念我得阿羅漢道不須菩提言不也世尊何以故實

無有法名阿羅漢世尊若阿羅漢作是念我得阿羅漢道即為著我人眾生壽者世尊

佛說我得無諍三昧人中最為第一是第一離欲阿羅漢世尊我不作是念我是離欲

阿羅漢世尊我若作是念我得阿羅漢道世尊則不說須菩提是樂阿蘭那行者以須

菩提實無所行而名須菩提是樂阿蘭那行佛告須菩提於意云何如來昔在然燈

佛所於法有所得不不也世尊如來在然燈佛所於法實無所得須菩提於意云何

菩薩莊嚴佛土不不也世尊何以故莊嚴佛土者即非莊嚴是名莊嚴是故須菩提

諸菩薩摩訶薩應如是生清淨心不應住色生心不應住聲香味觸法生心應無所住

而生其心須菩提譬如有人身如須彌山王於意云何是身為大不須菩提言甚大

世尊何以故佛說非身是名大身須菩提如恆河中所有沙數如是沙等恆河於意

云何是諸恆河沙寧為多不須菩提言甚多世尊但諸恆河尚多無數何況其沙須

菩提我今實言告汝若有善男子善女人以七寶滿爾所恆河沙數三千大千世界

以用布施得福多不須菩提言甚多世尊佛告須菩提若善男子善女人於此經中

乃至受持四句偈等為他人說而此福德勝前福德復次須菩提隨說是經乃至四

句偈等當知此處一切世間天人阿修羅皆應供養如佛塔廟何況有人盡能受

持讀誦須菩提當知是人成就最上第一希有之法若是經典所在之處即為有佛若

尊重弟子爾時須菩提白佛言世尊當何名此經我等云何奉持佛告須菩提是經

名為金剛般若波羅蜜以是名字汝當奉持所以者何須菩提佛說般若波羅蜜即

非般若波羅蜜須菩提於意云何如來有所說法不須菩提白佛言世尊如來無所說

須菩提於意云何三千大千世界所有微塵是為多不須菩提言甚多世尊須菩提

諸微塵如來說非微塵是名微塵如來說世界非世界是名世界須菩提於意云何可

以三十二相見如來不不也世尊不可以三十二相得見如來何以故如來說三十二

相即是非相是名三十二相須菩提若有善男子善女人以恆河沙等身命布施若

復有人於此經中乃至受持四句偈等為他人說其福甚多爾時須菩提聞說是經

深解義趣涕淚悲泣而白佛言希有世尊佛說如是甚深經典我從昔來所得慧眼

未曾得聞如是之經世尊若復有人得聞是經信心清淨則生實相當知是人成就

第一希有功德世尊是實相者則是非相是故如來說名實相世尊我今得聞如是

經典信解受持不足為難若當來世後五百歲其有眾生得聞是經信解受持是

人則為第一希有何以故此人無我相人相眾生相壽者相所以者何我相即是

非相人相眾生相壽者相即是非相何以故離一切諸相則名諸佛

마음을 일으켜 마음을 죽이니

손바닥으로 하늘을 가릴 수 없지만
하늘은 만물 덮고 있습니다
마음이 하늘 된다면
마음속에 일어나는 생각의 가지가지
뭉게구름 먹구름 따질 것 없이
그 모양 그대로 하늘이 되겠지요
하늘 되지 못하여 살아 펄떡이는
욕망의 갈증
물밖에 나온 물고기와 같지 않습니까
미워하여 미움의 노예
사랑하여 사랑의 노예
노래 불러도 후련하지 않고
기도하여도 사그라지지 않아
이리 펄떡 저리 펄떡
죽음마저도 싸워야 하는 나의 신세
참말 처량하지 않습니까
내가 편안하면 주위가 편안하고
내가 불안하면 주위도 불안해집니다

모든 존재 사랑하여 이익 주리란 마음
한 생각 일으킨 사람 끙끙 앓는다면
선불장* 문 안에 발들일 수 없습니다
하여 마음을 일으켜 마음을 죽인다
하였음이니
마음이 하늘 되는 일이 그 일입니다

---

*선불장(選佛場): 부처 뽑는 과거장. 마조(?~788) 스님 회상의 방거사 오도송(悟道頌) 「시방에서 다 함께 모여 모두 무위(無爲)를 배우니 이곳은 불(佛)을 고르는 과거장이라 마음이 공(空)하니 장원일러라」에서 나온 말. 여기서는 보살의 반열을 말함.

마음이 하늘 되다

수보리야 그 마음 어떻게 항복 받을까
사랑하여 사랑을 세우지 않기가 힘들고
남의 자랑이 되어 나서지 않는 것이 힘들며
남을 위해 목숨 버리고도
이름 남기지 않는 것이 힘들며
뭇 생명* 진리로 인도하고도
저는 정작 부처 되지 않는 것이
얼마나 힘들 것이냐
그러므로 사랑을 세우지 않고 사랑해야 하며
나서지 않고 남의 자랑이 되어야 하며
명예를 버려 남을 위해 목숨 바쳐야 하며
성불(成佛)의 원을 버려 중생을 제도해야 하는 것이니
이 어찌 마음이 하늘 됨이 아니겠느냐
하늘은 세계를 가리지만 세계의 지붕이 되듯
하늘 된 마음은
항복 받으려는 그 마음에 칼을 꽂지만
붉은 피를 밝은 빛으로 만들어 놓느니라

그러므로 다시 알라
온갖 중생 제도하리란 넓은 마음과
온갖 중생 끝까지 제도하리란 으뜸의 마음과
그 마음 중단 없는 항상의 마음과
항복 받은 마음에 다시 떨어지지 않는
뒤바뀌지 않는 마음을 지녀야 함이라
그로 인하여 다시 마음은
삼십삼천* 휘두르는 하늘 마음 되나니
그때에는 나와 남이 따로 없으며
뭇 생명과 너와 내가 차별이 없으며
내가 그이고 그가 나이며 네가 그이고 내가 너이니
사는 것이 사는 것이지만 죽는 것도 사는 것이라
목숨의 장단(長短)에 매임이 없게 되느니라
이것이 마음이 하늘 됨이고
보살*이 부처 됨이니
따로 구하면 보살이 보살 아니니라

---

*뭇 생명: 중생(衆生), 불교의 생명관으로서 12류(類)의 생명 존재를 말함. 경에 언급돼 있는 것처럼 12류는 곧 태로 태어나는 태생, 알로 태어나는 난생, 습기에 의해 태어나는 습생, 형체에 구애 없이 변화하여 태어나는 화생, 빛깔 있는 것, 빛깔 없는 것, 생각 있는 것, 생각 없는 것, 빛깔이 있다고 할 수 없는 것,

빛깔이 없다고 할 수 없는 것, 생각이 있다고 할 수 없는 것, 생각이 없다고 할 수 없는 것을 말한다. 이러한 중생 모두 낱낱이 부처님의 거룩한 성품을 지닌 것으로 파악하는 것이 불교의 생명관.

*삼십삼천(三十三天): 불교의 우주관으로서 이 세계의 중심인 수미산 정상 도리천 제석천궁을 둘러싸고 사방에 각각 8천의 세계가 펼쳐져 사방 32천과 중앙 도리천을 포함하여 33천이 있는 것으로 봄. 태양계 너머 또 다른 태양계가 끝없이 있다고 보는 현대과학의 통일장 이론과 흡사함.

*보살(菩薩): 범어 보리살타(bodhi-sattva)에서 온 말로 위로는 깨달음을 구하고 아래로 중생을 제도하는 대승불교의 이상적인 인물형을 말하며, 수행이 갖춰져 깨달음 직전에 와 있는 사람을 지칭한다. 범어를 직역하면 빛과 어둠의 중간에 선 자가 된다.

그물의 바람처럼

그물에 걸리지 않는 바람이 되라
황톳길이든 자갈길이든 가다가다 보면
서울이고 평양이고 가고자 하였던 곳
나도 모르게 너도 모르게 어느새
그렇게 닿아 있으리라
미움에 걸리면 미움에 멈추고
사랑에 걸리면 사랑에 멈추듯
어느 한 곳 정 두고 미련 두어
결단코 끝장 보려한다면
바람이 아니거니 보살이 아니거니
세상에 내가 이룰 바 무엇이 있겠느냐
이룬다하여도
이뤄진 것이 내가 이룬 것이겠느냐
내가 먹는 한 끼 밥조차
내가 얻었다 할 수 없거늘
하물며 〈나〉를 나라고 여기겠느냐
남을 남으로 보겠느냐
바람이 되라 바람이 되라

그물의 바람처럼
뭇 생명을 스치고도 뭇 생명을 버려야 하며
너와 내가 목숨에 차별이 있다는
생각까지 버리고 나서야
아, 나는 목숨보다 더 긴
한 줄기 바람 되리

〈대승정종분(大乘正宗分) 제 三까지〉

4. 묘행은 머무름이 없다

-. 주사위는 던져지고
-. 거기 머문다 해도
-. 이와 같이 준다면

> 바람이 왜 바람인가
> 스쳐 지나기에 바람이다
> 스쳐 지난 걸 기억하지 않기에
> 또 바람이다
> 보살의 삶은 바람이다
> 주고 또 주고 한없이 주고도
> 준 줄 모른다

爾時諸菩薩世尊善男子善女人發阿耨多羅三藐三菩提心應云何住云何降伏其心佛言善哉善哉須菩提如汝所說如來善護念諸菩薩善付囑諸菩薩汝今諦聽當為汝說善男子善女人發阿耨多羅三藐三菩提心應如是住如是降伏其心唯然世尊願樂欲聞佛告須菩提諸菩薩摩訶薩應如是降伏其心所有一切眾生之類若卵生若胎生若濕生若化生若有色若無色若有想若無想若非有想非無想我皆令入無餘涅槃而滅度之如是滅度無量無數無邊眾生實無眾生得滅度者何以故須菩提若菩薩有我相人相眾生相壽者相即非菩薩復次須菩提菩薩於法應無所住行於布施所謂不住色布施不住聲香味觸法布施須菩提菩薩應如是布施不住於相何以故若菩薩不住相布施其福德不可思量須菩提於意云何東方虛空可思量不不也世尊須菩提南西北方四維上下虛空可思量不不也世尊須菩提菩薩無住相布施福德亦復如是不可思量須菩提菩薩但應如所教住須菩

提於意云何可以身相見如來不不也世尊不可以身相得見如來何以故如來所說身相即非身相佛告須菩提凡所有相皆是虛妄若見諸相非相則見如來須菩提白佛言世尊頗有眾生得聞如是言說章句生實信不佛告須菩提莫作是說如來滅後後五百歲有持戒修福者於此章句能生信心以此為實當知是人不於一佛二佛三四五佛而種善根已於無量千萬佛所種諸善根聞是章句乃至一念生淨信者須菩提如來悉知悉見是諸眾生得如是無量福德何以故是諸眾生無復我相人相眾生相壽者相無法相亦無非法相何以故是諸眾生若心取相則為著我人眾生壽者若取法相即著我人眾生壽者何以故若取非法相即著我人眾生壽者是故不應取法不應取非法以是義故如來常說汝等比丘知我說法如筏喻者法尚應捨何況非法須菩提於意云何如來得阿耨多羅三藐三菩提耶如來有所說法耶須菩提言如我解佛所說義無有定法名阿耨多羅三藐三菩提亦無有定法如來可說何以故如來所說法皆不可取不可說非法非非法所以者何一切賢聖皆以無為法而有差別須菩提於意云何若人滿三千大千世界七寶以用布施是人所得福德寧為多不須菩提言甚多世尊何以故是福德即非福德性是故如來說福德多若復有人於此經中受持乃至四句偈等為他人說其福勝彼何以故須菩提一切諸佛及諸佛阿耨多羅三藐三菩提法皆從此經出須菩提所謂佛法者即非佛法須

菩提於意云何須陀洹能作是念我得須陀洹果不須菩提言不也世尊何以故須陀洹名為入流而無所入不入色聲香味觸法是名須陀洹須菩提於意云何斯陀含能作是念我得斯陀含果不須菩提言不也世尊何以故斯陀含名一往來而實無往來是名斯陀含須菩提於意云何阿那含能作是念我得阿那含果不須菩提言不也世尊何以故阿那含名為不來而實無不來是故名阿那含須菩提於意云何阿羅漢能作是念我得阿羅漢道不須菩提言不也世尊何以故實無有法名阿羅漢世尊若阿羅漢作是念我得阿羅漢道即為著我人眾生壽者世尊佛說我得無諍三昧人中最為第一是第一離欲阿羅漢世尊我不作是念我是離欲阿羅漢世尊我若作是念我得阿羅漢道世尊則不說須菩提是樂阿蘭那行者以須菩提實無所行而名須菩提是樂阿蘭那行佛告須菩提於意云何如來昔在然燈佛所於法有所得不不也世尊如來在然燈佛所於法實無所得須菩提於意云何菩薩莊嚴佛土不不也世尊何以故莊嚴佛土者則非莊嚴是名莊嚴是故須菩提諸菩薩摩訶薩應如是生清淨心不應住色生心不應住聲香味觸法生心應無所住而生其心須菩提譬如有人身如須彌山王於意云何是身為大不須菩提言甚大世尊何以故佛說非身是名大身須菩提如恆河中所有沙數如是沙等恆河於意云何是諸恆河沙寧為多不須菩

提言甚多世尊但諸恆河尚多無數何況其沙須菩提我今實言告汝若有善男子善女人以七寶滿爾所恆河沙數三千大千世界以用布施得福多不須菩提言甚多世尊佛告須菩提若善男子善女人於此經中乃至受持四句偈等為他人說而此福德勝前福德復次須菩提隨說是經乃至四句偈等當知此處一切世間天人阿修羅皆應供養如佛塔廟何況有人盡能受持讀誦須菩提當知是人成就最上第一希有之法若是經典所在之處則為有佛若尊重弟子爾時須菩提白佛言世尊當何名此經我等云何奉持佛告須菩提是經名為金剛般若波羅蜜以是名字汝當奉持所以者何須菩提佛說般若波羅蜜則非般若波羅蜜須菩提於意云何如來有所說法不須菩提白佛言世尊如來無所說須菩提於意云何三千大千世界所有微塵是為多不須菩提言甚多世尊須菩提諸微塵如來說非微塵是名微塵如來說世界非世界是名世界須菩提於意云何可以三十二相見如來不不也世尊不可以三十二相得見如來何以故如來說三十二相即是非相是名三十二相須菩提若有善男子善女人以恆河沙等身命布施若復有人於此經中乃至受持四句偈等為他人說其福甚多爾時須菩提聞說是經深解義趣涕淚悲泣而白佛言希有世尊佛說如是甚深經典我從昔來所得慧眼未曾得聞如是之經世尊若復有人得聞是經信心清淨則生實相當知是人成就第一希有功德世尊是實相者則是非相是故如來說名實相世尊我今得聞如是

經典信解受持不足為難若當來世後五百歲其有眾生得聞是經信解受持是人則為第一希有何以故此人無我相無人相無眾生相無壽者相所以者何我相即是非相人相眾生相壽者相即是非相何以故離一切諸相則名諸佛須菩

주사위는 던져지고

고른 숨결 따뜻한 손길
당신을 만나
지난날 어둔 시간들
강물 속에 던집니다
맨발 피 흘리며 봄 찾아 헤맨 날과
이뭐꼬* 쥐고 흔들며 몸부림치던 나날
처음 빛에 휩싸여 환희로 떨던 밤도
한 줌의 재 한 바탕 꿈이라
흐르는 강물 속에 던져버립니다
헤매지 않아도 찾아지고
구하지 않아도 얻어지며
두드리지 않아도 열리고
자랑하지 않아도 기쁨 넘치는 걸
그땐 왜 몰랐는지
고동 울리며 배는 항구로 오고
기적소리 내며 기차는 떠나지만
진흙에 물들지 않는 연꽃과 같이
그물에 걸리지 않는 바람과 같이

무소의 뿔처럼 혼자 길을 가라는
오늘 당신의 말씀
주사위는 던져지고
이제 저는 받을 것은 없고
줄 것만 남았습니다

---

*이뭐꼬(是甚麽): 선문(禪門)의 공안(公案, 話頭라고도 함)으로서 '나는 누구인가?' 스스로 자신의 존재를 캐묻는 공부법.

거기 머문다 해도

낯설어하지 마라
로마에 가면 로마의 법을 따른다 하듯
진리의 나라에도 규범이 있으니
그것은 진리를 진리로 세우지 않기 위함이니라
그러하니 낯설어하지 마라
닻을 내린 배는 머문다하여도
파도에 출렁거려 머무는 줄 모르나니
수보리야
줄 것만 남았다는 너의 결정도
닻 내린 배와 같이 머무는 바 없이
머물디아 이니니
수많은 사람에게 선물을 주고 또 주고
끝없이 준다하여도
주었다는 기쁨에 젖어 콧노래로 산다면
뭍으로 올라앉은 배와 같이
술독에 빠져 사는 술꾼과 같이
고요 속에 잠자는 선객과 같이
한 가지로 살아 그 하나에 묶임이니

줄 것만 남았다는 위대한 너의 결정
거기 머문다 해도
가고 싶은 나라 갈 수 없네
그래서 다시 이르나니
낯설어하지 마라
머물지 않고 행하는 게 진리의 나라 규범이니
거기 머물되 머무는 줄 모르고 머무르며
행하되 행하였다는 모양을 만들지 마라
깃발을 꽂으면 경계가 생기고
모양을 만들면 한 세계가 태어나니
나누어진다는 것
진리의 나라에서 있을 수 있는 일
아닌 까닭이니라

이와 같이 준다면

주는 것만큼 세상에 이로운 일
어디 있더냐
너로 인하여 내가 산다면
네가 고맙다고 나 말할 수 있지만
나로 인하여 네가 산다면
네가 날 고맙다고 할 수 있어도
내가 나를 고맙다고 어찌 말할 수 있겠느냐
주어서 살고 받아서 사는 세상
주는 것만큼 세상에 이로운 일 다시없지만
내가 나를 고맙다 할 수 없으니
내가 준 것은 준 짓이 아니지 않느냐
하늘의 해가 빛을 주고
저 푸른 숲이 맑은 공기를 주고
흐르는 물이 만물의 갈증을 씻어주고
머언 별이 꿈을 주는 일들이
모두 주는 일이지만
그들이 언제 줬다는 티 한번
낸 적이 있더냐

내가 너에게
손길을 주고 말을 주고 연민을 주지만
나 원래 그대로이니
너에게 준 게 아무 것도 없지 않느냐
설사 줌으로 인해 나 죽는다 하여도
준 것만큼 이로워진 세상 있으니
내가 준 것은 준 게 아니라 외려
받은 것이 되지 않느냐
그러므로 어떤 모양을 만들려고 주지 말며
소리를 만들려고 주지 말며
냄새나 맛이나 느낌이나 세계를 만들려고
주지 말아야 하나니
모양을 바라지 않고 주며
소리를 바라지 않고 주며
냄새나 맛이나 느낌이나 세계를
바라지 않고 주어야 하니
이와 같이 준다면
동서남북 상하허공 끝 간 넓이를
생각으로 모두 헤아릴 수 없듯이
생명이 생명으로 이어짐이 한량없으며
그 생명의 평안함이 한량없으며
그 생명의 지혜로워짐이 한량없게 되어

하나가 모두이며 모두가 하나인 세상 일구니
이름을 붙이자니 진리의 세계이지
머묾 없이 선물을 주는 자에겐
그마저 없는 세계인 것이니….

<묘행무주분(妙行無住分) 제 四까지>

5. 진리를 실답게 보라

-. 따로 무엇을 구하는가?
-. 정한 몸 아니거니
-. 눈을 감고 보라
-. 없다 없다 없다

> 그래도 의문은 스물일곱 겹
> 강물처럼 굽이굽이
> 이 언덕 저 언덕 헤적이고도
> 이 언덕 저 언덕에 머물지 않고
> 바나로 서 바다로 흘러가나니
> 푸른 강 언덕에 앉아
> 꾸벅꾸벅 조는 자는 누구인가?

嚮諸菩薩世尊善男子善女人發阿耨多羅三藐三菩提心應云何住云何降伏其心佛言我我故須菩提如善男子善女人發阿耨多羅三藐三菩提心者當生如是心我應滅度一切眾生滅度一切眾生已而無有一眾生實滅度者何以故須菩提若菩薩有我相人相眾生相壽者相則非菩薩所以者何須菩提實無有法發阿耨多羅三藐三菩提心者須菩提於意云何如來於然燈佛所有法得阿耨多羅三藐三菩提不不也世尊如我解佛所說義佛於然燈佛所無有法得阿耨多羅三藐三菩提佛言如是如是須菩提實無有法如來得阿耨多羅三藐三菩提須菩提若有法如來得阿耨多羅三藐三菩提者然燈佛則不與我授記汝於來世當得作佛號釋迦牟尼以實無有法得阿耨多羅三藐三菩提是故然燈佛與我授記作是言汝於來世當得作佛號釋迦牟尼何以故如來者即諸法如義若有人言如來得阿耨多羅三藐三菩提須菩提實無有法佛得阿耨多羅三藐三菩提須菩提如來所得阿耨多羅三藐三菩提於是中無實無虛是故如來說一切法皆是佛法須菩提所言一切法者即非一切法是故名一切法須菩提

菩薩世尊善男子善女人發阿耨多羅三藐三菩提心云何應住云何降伏其心佛告須菩提諸菩薩摩訶薩應如是降伏其心所有一切眾生之類若卵生若胎生若濕生若化生若有色若無色若有想若無想若非有想非無想我皆令入無餘涅槃而滅度之如是滅度無量無數無邊眾生實無眾生得滅度者何以故須菩提若菩薩有我相人相眾生相壽者相即非菩薩復次須菩提菩薩於法應無所住行於布施所謂不住色布施不住聲香味觸法布施須菩提菩薩應如是布施不住於相何以故若菩薩不住相布施其福德不可思量須菩提於意云何東方虛空可思量不不也世尊須菩提南西北方四維上下虛空可思量不不也世尊須菩提菩薩無住相布施福德亦復如是

따로 무엇을 구하는가?

참으로 어려워라
아무런 모양 세울 수 없다면
무씨를 뿌려 무를 거두고
배추씨를 뿌려 배추를 거두는 일
꿈속의 일인가
앞에 계신 부처님은 그림자란 말인가
실지 모습 아니라면
따로 무얼 구해야 하는가?
가만히 곰곰 생각해 보니
꽃씨 속에 꽃이 든 일
물레 속에 옷감 는 일
모든 일들이
인연 따라 일어나고 인연 따라 사라진 일
허공인들 어떠랴
살덩이인들 어떠랴
성내면 밉고 웃으면 고운 것을
법칙 속에 꽃이 피고 꽃이 지니
허공에 꽃비 쏟아짐이 어찌 거짓이랴

무 배추 거둠이 억지 써서 될 일인가
농부의 땀방울과 자연조화 맞아야 하듯
내 할 일 묵묵히 해나간다면
흩어지고 뭉쳐지고 쪼개지는 일들이
그 모습 그대로 여래인 것을
따로 무엇을 구하는가?

정한 몸 아니거니

마음 착한 아기 뱀 개구리가 불쌍해
먹지 않고 굶다가 하늘나라 간 일이나
천신만고 끝에 머나먼 고향 돌아와
알 낳고 죽는 연어의 일생이나
눈 먼 아비 눈뜨라고 몸을 판 심청이나
한결같이 남을 위해 몸 버린 일 똑같거니
그들의 지음이 거룩한 까닭이
어디 몸을 버려서인가
거룩한 지음이 예뻐 거룩하다고 말하지
우리가 그들을 기억할 때
뱀의 몸이 예쁘고 연어의 몸이 예쁘고
사람의 몸이 예뻐
거룩하다고 말하지 않지 않느냐
호랑이는 죽어 가죽을 남기고
사람은 죽어 이름을 남긴다지만
우리가 그들을 기억할 때
그들의 지음을 기억하지 언제
몸과 이름으로 기억한 적이 있더냐

호랑이도 천차만별 사람도 천차만별
갖가지 모습 중에 어느 호랑이 어느 사람을
내 몸이라 정하여 내세우겠느냐
내세운 것조차 시시각각 변하거니
아이 때 몸 따로 커서 몸 따로 늙어 몸 따로
그 중 어느 몸을 내 몸이라 정하겠느냐
모든 사람 관계 또한 마찬가지라
지음으로써 내 아내가 되고 내 남편이 되고
내 자식 내 형제 내 부모가 되는 것이지
모습과 이름은 구별짓기 위함일 뿐
참모습이 아니니라
지음으로 인해 이리도 나타나고 저리도 나타나는
세상 이치 분명하니
여래의 씨앗 또한 따로 없음이라
그러므로 수보리야
몸의 생김새로써 여래를 볼 수 있겠느냐
당연지사 없지 않느냐
세월 따라 인연 따라 바뀌어 얻어진 몸
정한 몸 아니거니
정한 몸 아니기에 없는 몸이라
몸은 몸이 아니라고 함이 그 말이니라

눈을 감고 보라

눈을 감고 보라
눈을 감고 보면
눈에 보이는 것 보이지 않지만
보이지 않는 것 보게 되나니
보이는 것은 사물이고
보이지 않는 것은 어둠
사물을 어둠으로 아우르면
사물은 사물이 아니게 되므로
사물을 사물로 받아드릴 일 없고
받아들임이 없으므로
사물을 사물로 고집할 일 없으며
고집할 일 없으므로 묶일 일이 없으며
묶일 일이 없으므로 해탈의 노래
부르게 됨이라
여래를 봄에도
여래의 모습을 정하여 여래를 보지 않으면
여래를 떠나 여래를 보게 되는 것이니
눈을 감고 보라

사물이 나타나면 사물을 죽이고
여래가 나타나면 여래를 죽이라
생각이 형상에 뿌리를 내리면
풍선 같은 마음에 구멍이 나고
시시비비 따지느라 쉴 겨를 없을세라
형상을 보아 형상에 뿌리내림도 그러한데
형상을 보아 형상 아님에 뿌리내림이랴
움직이는 것은 살아있고 산 것은 움직이나니
생명의 문에 들어선 자는
생각의 물꼬를 열어
보고 보이는 것 흐르게 하라
흐르게 하여
바닥에 무엇 하나 남아 있지 않으면
어둠 속에서 사물이 죽듯
살해당한 생각들이 마음 바다 오갈 뿐
마음은 일구흡진서강수(一口吸盡西江水)*라
눈을 감고 본다는 것
가장 크게 비움을 말함이니
모쪼록 눈을 감고 보라
무릇 있는 바 모든 형상은
모두 다 허망하니
모양을 모양으로 받아들이지 않으면

여래를 보게 되나니

*일구흡진서강수: 42쪽 선불장 참조, 방거사가 마조 스님에게 '만법과 짝하지 않는 자가 누구입니까?'하고 묻자 마조의 대답이 '단숨에 서강의 물을 다 마시면 일러주지' 이 말 아래 방거사가 대오한다.

없다 없다 없다

없는 씨앗 뿌려 없는 열매 거두며
없는 열매 거둔 자리
여래의 땅
주되 준 것이 없는 수행과
머물되 머묾이 없는 행로와
얻되 얻은 것이 없는 소득이
없고 없고 또 없고서야 비로소
세상 무엇으로도 부술 수 없는
금강의 몸 얻으니
떠오르는 해가 만상을 밝히듯
가뭄 끝의 단비가 만물을 적시듯
없고 없고 또 없지마는
오면 오는 대로 가면 가는 대로
이 경계 저 경계
지성으로 어루만져 보살피시네
그래도 흐르고 흘러
보탤 수 없고
흘러버리기에 없고 없고 또 없어

나눌 수 없는
금강의 몸이라
아아, 보라
없다 없다 없다

〈여리실견분(如理實見分) 제 五까지〉

6. 바른 믿음은 드물다

- 무엇으로 믿을까
- 그런 말은 말아라
- 다 알고 다 본다

물속에 잠긴 연꽃도 있고
물 위에 살짝 고개를 내민 연꽃도 있고
물 위를 훌쩍 뛰어올라 핀 연꽃도 있나니
물 위의 연꽃이 이슬을 반기지 않겠는가
아아, 연꽃이 핀다

爾時須菩提白佛言世尊善男子善女人發阿耨多羅三藐三菩提心應云何住云何降伏其心佛言善哉善哉須菩提如汝所說如來善護念諸菩薩善付囑諸菩薩汝今諦聽當為汝說善男子善女人發阿耨多羅三藐三菩提心應如是住如是降伏其心唯然世尊願樂欲聞佛告須菩提諸菩薩摩訶薩應如是降伏其心所有一切眾生之類若卵生若胎生若濕生若化生若有色若無色若有想若無想若非有想非無想我皆令入無餘涅槃而滅度之如是滅度無量無數無邊眾生實無眾生得滅度者何以故須菩提若菩薩有我相人相眾生相壽者相即非菩薩復次須菩提菩薩於法應無所住行於布施所謂不住色布施不住聲香味觸法布施須菩提菩薩應如是布施不住於相何以故若菩薩不住相布施其福德不可思量須菩提於意云何東方虛空可思量不不也世尊須菩提南西北方四維上下虛空可思量不不也世尊須菩提菩薩無住相布施福德亦復如是不可思量須菩提菩薩但應如所教住須菩提於意云何

說不受福德須菩提若有人言如來若來若去若坐若臥是人不解我所說義何以故如來者無所從來亦無所去故名如來須菩提若善男子善女人以三千大千世界碎為微塵於意云何是微塵眾寧為多不甚多世尊何以故若是微塵眾實有者佛則不說是微塵眾所以者何佛說微塵眾則非微塵眾是名微塵眾世尊如來所說三千大千世界則非世界是名世界何以故若世界實有者則是一合相如來說一合相則非一合相是名一合相須菩提一合相者則是不可說但凡夫之人貪著其事須菩提若人言佛說我見人見眾生見壽者見須菩提於意云何是人解我所說義不不也世尊是人不解如來所說義何以故世尊說我見人見眾生見壽者見即非我見人見眾生見壽者見是名我見人見眾生見壽者見須菩提發阿耨多羅三藐三菩提心者於一切法應如是知如是見如是信解不生法相須菩提所言法相者如來說即非法相是名法相須菩提若有人

무엇으로 믿을까

없는 원인으로
없는 결과 얻는다 하니
이같이 어려운 법
누가 믿을까
샘이 있어 사막의 소리를 담고
숲이 있어 산의 말 온기를 지니듯
법에도 향기가 나야
여기저기 벌 나비 모여들 텐데
빛깔도 없고 손짓도 없는
여래의 궁전에는
나와 남 모든 상대 없애고 나서야
급기야는 여래까지 죽이고 나서야
발 디딜 수 있다 하였으니
이 말에
감히 누가 믿음을 낼까
밑도 끝도 없고
있는 건 없는 것밖에 없는 이 말
무엇으로 믿을까

그런 말은 말아라

그런 말은 말아라
이 자리 지나 몇 천년 지난 뒤에도
잘 살피고 잘 멈추고 잘 가는 사람 있어
모든 모양 쳐부수란 이 말 듣고도
맑은 믿음 일으켜 모든 모양 섬기리니
이 사람 마음바탕 단단하기 그지없어
크든 작든 모든 생명 평등하게 대우하여
오른뺨을 달라하면 오른뺨을 주고
왼뺨을 달라하면 왼뺨을 주며
어느 장소 어느 시기 가리지 않고
안다는 생각이 없으며
안이라는 생각 밖이라는 생각이 없으며
미움이라는 생각 사랑이라는 생각이 없으며
친구라는 생각 적이라는 생각이 없으며
옳다는 생각 그르다는 생각이 없으며
한 부처님도 아니고 두 부처님도 아닌
천만 부처님을 섬기면서
단 한 번도 섬긴다는 생각 낸 적이 없으며

그냥 그대로 생각을 버려 몸을 버려
비 오면 비 맞고 눈 오면 눈 맞아
비가 되고 눈이 되니
나와 남이 따로 없는 사람이고
뭇 생명과 차별을 일으키지 않는 사람이며
목숨의 장단에 매이지 않는 사람이라
이와 같이 잘 살피고 잘 멈추고 잘 가는 사람
한 사람도 아니고 두 사람도 아니고
천만 사람으로도
한 줌 모래 가운데 한 알에 불과하리니
어찌 믿을까 말까 의심하는 말
낼 수 있으랴
그러므로
그런 말은 말아라

다 알고 다 본다

손을 흔들면 바람이 일어나고
밥을 먹으면 배부르며
내가 남 욕하면 남도 내 욕하는 게
법인 것이니
이 쉬운 진리는
예나 지금이나 앞으로나 똑같기에
법을 아는 자는 세계와 중생의 거동
어땠는지 어떠한지 어떠할지
소를 보고 소로 알고 말을 보고 말로 알듯
다 알고 다 본다
모든 모양 쳐부수란 이 말을 듣고
한 줄기 믿음을 내는 사람도
법 속에서 태어나 살고
법 속에서 죽으므로
한 번도 아니고 두 번도 아니고
천만 번도 넘게
나와 내 것이란 생각에 붙들려
지옥고통 당하였고

나와 남을 구분 짓고 나와 중생 따로 여겨
다툰 경험 이루 헬 수 없고
목숨 장단 매이어서 스스로를 결박하여
해탈 길을 막았던
그 번민 그 고통 일일이 생각하면
가시가 아픈 줄 알아 가시를 피하고
불이 뜨거운 줄 알아 불길을 피하듯
모든 모양 애착함을 원수로 알아
모든 모양 쳐부수란 한 마디 듣고도
거룩한 믿음을 내게 되나니
몰라서 모를 뿐 아는 사람 모두
모양을 떠나 모양을 아끼고
법이란 생각을 떠나 법을 따르며
법 아니라는 생각을 버려 법 아닌 법을 지키며
강기슭 어디에도 닿지 않아야
저 뗏목
너른 바다에 다다를 수 있듯
이 사람 어디에도 머무르지 않는 것을
여래는 다 알고 다 본다

〈정신희유분(正信希有分) 제 六까지〉

7. 얻을 것도 없고 설할 것도 없다

-. 깨달은 자는 머물러도 되는가
-. 말씀이 번갯불 되어
-. 굳이 말로 하자면

> 대지를 적신 단비
> 햇살에 흔적 없지만
> 초목 푸른 산은
> 싱그러이 빛을 뿜고
> 소치는 아이는 먹지 않고도
> 배가 부르다

爾時須菩提白佛言世尊善男子善女人發阿耨多羅三藐三菩提心應云何住云何降伏其心佛言善哉善哉須菩提如汝所說如來善護念諸菩薩善付囑諸菩薩汝今諦聽當為汝說善男子善女人發阿耨多羅三藐三菩提心應如是住如是降伏其心唯然世尊願樂欲聞佛告須菩提諸菩薩摩訶薩應如是降伏其心所有一切眾生之類若卵生若胎生若濕生若化生若有色若無色若有想若無想若非有想非無想我皆令入無餘涅槃而滅度之如是滅度無量無數無邊眾生實無眾生得滅度者何以故須菩提若菩薩有我相人相眾生相壽者相即非菩薩復次須菩提菩薩於法應無所住行於布施所謂不住色布施不住聲香味觸法布施須菩提菩薩應如是布施不住於相何以故若菩薩不住相布施其福德不可思量須菩提於意云何東方虛空可思量不不也世尊須菩提南西北方四維上下虛空可思量不不也世尊須菩提菩薩無住相布施福德亦復如是不可思量須菩提菩薩但應如所教住

說不受福德須菩提若有人言如來若來若去若坐若臥是人不解我所說義何以故如來者無所從來亦無所去故名如來須菩提若善男子善女人以三千大千世界碎為微塵於意云何是微塵眾寧為多不須菩提言甚多世尊何以故若是微塵眾實有者佛則不說是微塵眾所以者何佛說微塵眾則非微塵眾是名微塵眾世尊如來所說三千大千世界則非世界是名世界何以故若世界實有者則是一合相如來說一合相則非一合相是名一合相須菩提一合相者則是不可說但凡夫之人貪著其事須菩提若人言佛說我見人見眾生見壽者見須菩提於意云何是人解我所說義不不也世尊是人不解如來所說義何以故世尊說我見人見眾生見壽者見即非我見人見眾生見壽者見是名我見人見眾生見壽者見須菩提發阿耨多羅三藐三菩提心者於一切法應如是知如是見如是信解不生法相須菩提所言法相者如來說即非法相是名法相須菩提若有人以滿無量阿僧祇世界七寶持用布施若有善男子

깨달은 자는 머물러도 되는가

제가 알기로 여래께서는
보리수 정각에서 제타 동산 이르기까지
나는 깨달았거니 생사열반 다하였거니
누차 말씀하지 않으셨나요
오늘 어디에도 머물지 말란 소식
그로부터 왔다면
여래의 머무름은 어찌 설명하시나요
깨달았다는 선언도
깨달은 모양에 머무는 바며
지금 설법하심도
설법하는 모양에 머무는 바 아닙니까
물이 저 바다에 이르면 바다로 되듯
깨달음에 이른 자는 어떤 모양 짓더라도
그 모양
법의 비로 쏟아지고 맙니까
얻고 얻었다는 바 무엇이며
지금 설법하시는 바 모양 아닌 것인지
부디 말씀하여 제 의심을 깨부수소서

말씀이 번갯불 되어

탁 치니 억 하고 죽었다는 말
방금 제 의심을 두고 하는 말입니다
어떻게 생각하느냐
여래가 얻은 법이 있고
말한 법이 있다고 생각하느냐
여래의 부드러운 다그치심
한 마디 끝에
물이 바다로 가 바다 될 뿐 아니라
네모 상자에 담으면 네모가 되고
둥근 통에 담으면 둥근 모양 되는 줄
알았나이다
정한 바 없음이 이 법이니
여래의 얻은 법은 법이 아니고
깨달음은 깨달음이 아니며
여래의 설법은 설법이 아닌데도
제가 모양이라 짐작한 것은
허공을 손에 쥐고 흔들려고 한 것과
같사옵니다

아아, 당신의 말씀은 번갯불이옵니다
저의 의심을 자르고
저의 무지를 단번에 갈라놓았습니다

굳이 말로 하자면

당신의 말씀은 바람과 같아
들을 수는 있어도 가질 수가 없습니다
듣긴 들어도
진리도 아니고 진리 아닌 것도 아니라서
말할 수도 없습니다
말로써 말할 수 없는 것이 진리인 줄 알지만
굳이 말로 하자면
일정한 형체가 없어 법이 아니며
형체가 없어도 일일이 작용하기에
법 아닌 것도 아니라서
손 댈 수도 없지만 손대나마나
저절로 움직이고 저절로 갖춰져서
온갖 현상 온갖 존재 스며들고 간섭하여
살릴 건 살리고 죽일 건 죽이지만
사람마다 처지마다 받아씀이 달라*
달리 모실 따름이지
'이거다' 하고
내보일 수 있는 법은 없사옵니다

*모두 현인과 성인이 모두 인과를 떠난 무위법 속에서 나와 갖가지 분별로 차별을 이루는 것이지 진리 자체는 잡을 수 있다거나 없다거나 할 대상이 아니라는 내용을 말한다.

<무득무설분(無得無說分) 제 七까지>

8. 법에 기대어 태어나다

- 사람마다 달라도
- 무슨 선물 줄 것인가
- 말은 말이 아니다

> 물 속 물고기가
> 물에서 나와
> 물은 아니지만
> 물이 아니면
> 어찌 살겠는가

爾時須菩提白佛言。世尊。善男子善女人。發阿耨多羅三藐三菩提心。云何應住。云何降伏其心。佛告須菩提。善男子善女人。發阿耨多羅三藐三菩提心者。當生如是心。我應滅度一切眾生。滅度一切眾生已。而無有一眾生實滅度者。何以故。須菩提。若菩薩有我相人相眾生相壽者相。即非菩薩。所以者何。須菩提。實無有法。發阿耨多羅三藐三菩提心者。

復次須菩提。菩薩於法。應無所住。行於布施。所謂不住色布施。不住聲香味觸法布施。須菩提。菩薩應如是布施。不住於相。何以故。若菩薩不住相布施。其福德不可思量。須菩提。於意云何。東方虛空可思量不。不也世尊。須菩提。南西北方四維上下虛空。可思量不。不也世尊。須菩提。菩薩無住相布施。福德亦復如是不可思量。須菩提。菩薩但應如所教住。

須菩提。於意云何。如來於然燈佛所。於法有所得不。不也世尊。如來於然燈佛所。於法實無所得。須菩提。於意云何。菩薩莊嚴佛土不。不也世尊。何以故。莊嚴佛土者。則非莊嚴。是名莊嚴。是故須菩提。諸菩薩摩訶薩。應如是生清淨心。不應住色生心。不應住聲香味觸法生心。應無所住而生其心。

須菩提。若善男子善女人。以三千大千世界碎為微塵。於意云何。是微塵眾寧為多不。須菩提言。甚多世尊。何以故。若是微塵眾實有者。佛則不說是微塵眾。所以者何。佛說微塵眾。即非微塵眾。是名微塵眾。世尊。如來所說三千大千世界。則非世界。是名世界。何以故。若世界實有者。則是一合相。如來說一合相。則非一合相。是名一合相。須菩提。一合相者。則是不可說。但凡夫之人貪著其事。

須菩提。若人言佛說我見人見眾生見壽者見。須菩提。於意云何。是人解我所說義不。不也世尊。是人不解如來所說義。何以故。世尊說我見人見眾生見壽者見。即非我見人見眾生見壽者見。是名我見人見眾生見壽者見。須菩提。發阿耨多羅三藐三菩提心者。於一切法。應如是知。如是見。如是信解。不生法相。須菩提。所言法相者。如來說即非法相。是名法相。

須菩提。若有人以滿無量阿僧祇世界七寶持用布施。若有善男子

사람마다 달라도

섬에 살면 섬사람 산에 살면 산사람
생긴 것도 다르고 사는 법도 다르지만
먹지 않으면 살 수 없고
일하지 않으면 먹을 수 없네
일하는 법 능숙하면 배불리 먹고
일하는 법 서투르면 쪼들려 사네
어디로 가나 어디에 사나
법이
사람을 죽이기도 하고 살리기도 하지만
사람들은 법을 보려하지 않고
제 이익만 쫓아 사네
보려고 해도 볼 수 없는 것이 법이긴 해도
오면 가고 가면 오고 뿌리면 거두고
거두면 다시 뿌리면서
법을 외면하여 살 수 없다는 건
알아야 하지 않겠나
섬에 살면 섬사람 산에 살면 산사람
사람마다 달라도

사랑하는 것도 이별하는 것도
좋아하니 좋아지고 미워하니 미워지는
법 속에서 이뤄지고 갖춰짐을 알면
좋지 않겠나
마냥 섬길 수는 없다 하여도
주는 자만이 받고
깨닫는 자만이 말할 수 있다는 것을
사무치게 알아
주지 못하면 빼앗지는 말아야 하며
알지 못하면 입이라도 다물 줄 알아야
세상이 좀 예뻐지지 않겠나
사람마다 달라도

무슨 선물 줄 것인가

그대가 아비라면
가난한 아들 위해 무엇을 주겠느냐
재물을 주겠느냐
재물 가지는 법을 주겠느냐
재물을 준다면
끝없이 재물을 주어야 하고
재물 가지는 법을 준다면
아들 근심 일시에 사라지리니
무엇을 줌이 옳겠느냐
하늘에서 보배비가 허공 가득 쏟아져도
그릇이 작은 자는 담을 수가 없고
크게 담는다하여도
쓰임을 모르면 썩어버려지리니
그대가 아들 말고 세상 위해
베푸는 물질도
그것이 많건 적건 아랑곳없이
한때 입방아에 오르내릴 뿐
영원한 복은 이룰 수 없느니라

게다가 물질은 본래 너와 나 모두에게
나누어지게 돼 있는 까닭으로
아무리 크게 베푼다하여도
베푼 만큼 받게 되기에
복이 많다고 하는 것이지
여기 말씀을 전하는 것에 비하면
복이 많은 것이 아니니라
그러므로 선물을 주는 자는
상대의 마음에서 두려움을 없애주며
만족을 모르는 것을 없애주며
성냄을 없애주며
어리석음을 없애주는 것이
최고의 선물인 줄 알아야 할 것이니라
그러하니 그대
무슨 선물 줄 것인가

말은 말이 아니다

여기 말씀 남에게 전하는 것이
어디 말을 전하는 것이겠느냐
내 먼저 기쁨으로 안을 수 없다면
내가 싫은 것 남에게 어찌 권하랴
하여 말은 먼저 기쁨이 되고 믿음이 되며
믿고 기뻐하니 자주 읽고 외움이 되며
그 다음 남에게 전함이 되며
그것이 나의 닦음이 되며
나아가 남과 중생의 닦음이 되니
말이 진리를 갖출 수는 없어도
말로 말미암아
나와 남과 중생의 기쁨이 되고 믿음이 되며
자주 읽고 외움이 되고 말해줌이 되며
모두의 닦음이 되니
오늘 기쁨이 되고 믿음이 되고 자주 읽고 외움이 된
여기 말이야말로
어찌 권함이 되지 않겠는가

그러므로 말 속에는 모든 이의 기쁨과 믿음
말해줌과 닦음이 들었으니
그것은 한 부처님도 아니고 두 부처님도 아닌
천만 부처님께서 해 오신 바라
모든 부처님과 부처님 깨달은 법이
말씀으로부터 나왔으며
여기 보여줌이 말에서 나왔지만
말이 아니기에 말은 말이 아닌 것이며
모든 나타남이 법에서 나왔지만
법이 아니기에 법은 법이 아닌 것이니
하지만 알라
물고기가 물속에서 나와 물이 아님은 분명하나
물이 아니면 살 수 없다는 것을

〈의법출생분(依法出生分) 제 八까지〉

9. 정한 모양은 모양이 없다

- . 법을 따로 세운 까닭은
- . 피어 있어 꽃이라 부른다
- . 이름은 본질 아니거니
- . 자기를 남기지 마라

> 돌 호랑이 꿈쩍도 않지만
> 사냥꾼의 눈을 속이고
> 하늘과 땅이 붙어 보이는 곳엔
> 하늘과 땅이 붙어 있지 않다

爲諸菩薩世尊善男子善女人發阿耨多羅三藐三菩提心應云何住云何降伏其心佛言善哉善哉須菩提如汝所說如來善護念諸菩薩善付囑諸菩薩汝今諦聽當爲汝說善男子善女人發阿耨多羅三藐三菩提心應如是住如是降伏其心唯然世尊願樂欲聞佛告須菩提諸菩薩摩訶薩應如是降伏其心所有一切衆生之類若卵生若胎生若濕生若化生若有色若無色若有想若無想若非有想非無想我皆令入無餘涅槃而滅度之如是滅度無量無數無邊衆生實無衆生得滅度者何以故須菩提若菩薩有我相人相衆生相壽者相即非菩薩復次須菩提菩薩於法應無所住行於布施所謂不住色布施不住聲香味觸法布施須菩提菩薩應如是布施不住於相何以故若菩薩不住相布施其福德不可思量須菩提於意云何東方虛空可思量不不也世尊須菩提南西北方四維上下虛空可思量不不也世尊須菩提菩薩無住相布施福德亦復如是不可思量須菩提菩薩但應如所教住

說不受福德須菩提若有人言如來若來若去若坐若臥是人不解我所說義何以故如來者無所從來亦無所去故名如來須菩提若善男子善女人以三千大千世界碎爲微塵於意云何是微塵衆寧爲多不甚多世尊何以故若是微塵衆實有者佛則不說是微塵衆所以者何佛說微塵衆則非微塵衆是名微塵衆世尊如來所說三千大千世界則非世界是名世界何以故若世界實有者則是一合相如來說一合相則非一合相是名一合相須菩提一合相者則是不可說但凡夫之人貪著其事須菩提若人言佛說我見人見衆生見壽者見須菩提於意云何是人解我所說義不不也世尊是人不解如來所說義何以故世尊說我見人見衆生見壽者見即非我見人見衆生見壽者見是名我見人見衆生見壽者見須菩提發阿耨多羅三藐三菩提心者於一切法應如是知如是見如是信解不生法相須菩提所言法相者如來說即非法相是名法相須菩提若有人以滿無量阿僧祇世界七寶持用布施若有善男子

법을 따로 세운 까닭은

보여줌이 말에서 나왔지만
말이 아니기에
말은 말이 아니라는 말은
보여줌은 말이 아니지만
말은 보여줌이란 말이라서
말은 말이 아니라는 말이고
나타남이 법에서 나왔지만
법이 아니기에
법은 법이 아니란 말은
나타남은 법이 아니지만
법은 나타남이란 말이라서
법은 법이 아니란 말이니
말을 따로 세울 수 없고
법을 따로 세울 수 없는 결론
분명히 서거니
여래께선 왜
성문* 연각* 보살*이란 법의 과위(果位)
따로 세우셨는가

짐작으로 알건대
장미에 장미꽃 개나리에 개나리꽃
진달래에 진달래꽃 이름 붙이듯
각각의 수행 모습 나타낸 것 같은데
장미는 스스로 장미꽃인 줄 모르고
개나리는 스스로 개나리꽃인 줄 모르고
진달래는 스스로 진달래꽃인 줄 모르듯
성문 연각 보살 또한 그런 것 아닙니까
여래여
바로 알게 하여 주소서

---

*성문(聲聞): 부처님의 음성을 직접 듣는 제자라는 뜻이지만 부처님의 음성뿐 아니라 부처님의 교법을 보고 따르는 무리를 일컫는다. 성문의 과위에 4가지가 있으니 세속의 번뇌를 끊은 수다원(Srotapana)-흐름에 든 자(入流)로 번역함, 수도 중에 일어나는 번뇌를 끊은 사다함(Skrdagamin)-한 번 더 와서 깨닫는 자(一往來)로 번역함, 미세한 번뇌까지 모두 끊어버린 아나함(Anagamin)-결코 돌아오지 않을 자(不來)로 번역함, 마지막으로 내가 없다는 걸 안 자(實無有法)로 번역하여 수행의 극치에 이른 성인을 가리키는 아라한(Arhat)을 말한다.

*연각(緣覺): 주위 사물이 변천하는 인연의 현상을 보고 홀로 깊이 사유하여 진리를 깨달은 이로서 엄격하게 따지면 석가모니 부처님도 이 과위에 속한다고 할 수 있다.

*보살(菩薩): 성문, 연각과 합쳐 3승(三乘)으로 칭하며 설명은 '대승정종분 제3' 「마음이 하늘 되다」 45쪽 주(註) 참조 바람.

피어있어 꽃이라 부른다

피어있어 꽃이라 부른다
피어나지 않았으면 꽃이라
부르지 않을 터인데
피어났기에 꽃이라 부르듯
흐름에 든 자가 아니면 수다원이라
부르지 않을 터인데
흐름에 들었기에 수다원이라 부른다
흐름에 들었다는 것은
흐름에 들어간 것이 아니라
흐름이 되어버려
꽃이 자신이 꽃인 줄 모르듯
스스로 흐름인지 모르는 것을 말한다
갔다가 다시 한 번 오지 않으면 사다함이라
부르지 않을 터인데
다시 한 번 오기에 사다함이라 부른다
다시 한 번 온다는 것은
하늘의 구름이 가고 온다는 생각 없이
가고 오는 것처럼

가고 온다는 생각이 없는 것을 말한다
또한 다시 온다면 아나함이라
부르지 않을 터인데
다시 오지 않기에 아나함이라 부른다
다시 오지 않는다는 것은
흐르는 강물이 생각 없이 흐르는 것처럼
다시 오지 않는다는 생각이 없는 것을 말한다
내가 있다고 여기면 아라한이라
부르지 않을 터인데
내가 있다고 여기지 않기에 아라한이라 부른다
내가 없다는 것은
불지 않으면 소리가 없는 대나무피리처럼
내가 있어도 있는 줄 모르는 것을 말한다
그런 것이다
피어 있어 꽃이라 부르지만
정작 꽃은 꽃이라는 생각이 없고
다만 피어있을 뿐이다
모래가 끝없어 사막이라 부르고
땅이 높아 산이라 부르고
존재로 녹아버려 여래라 부르지만
그들 또한 자신이 사막인 줄
산인 줄

여래인 줄 모르는 것이다
여직 이름이 법이 된 적은 없었다
법은 현상이지만 현상은 법이 아니라서
법은 법이 아니라 하였듯이
현상에 붙인 이름으로
법을 따로 세웠다고 말하지 마라
현상도 현상에 불과한데 하물며 그 이름이랴
이름이 법이라면
내가 부처다 하는 자는 전부 부처일 것이고
내가 왕이다 하는 자는 전부 왕일 것이며
내가 부자다 하는 자는 전부 부자일 것이나
어디 그런가
명심하라
피어있어 꽃이라 부른다

이름은 본질 아니거니

이름을 이름으로 붙들면 이름에 잡히고
모양을 모양으로 붙들면 모양에 잡힘이라
잡힘은 속박이고 속박은 지배를 낳고
지배는 핍박을 낳으므로
잡힌 자는 나와 남을 구분 짓고
나와 중생 따로 여겨 목숨 장단 매여 살아
괴로움 키워내어 청정국토 더럽히네
아픈 사람 돌보면 응당 의사라 부를 거며
제자를 거두면 마땅히 스승이라 부를 것을
스스로 나는 의사다 나는 스승이다 외쳐대어
의심 사고 믿음 잃고 차별 세상 만드나니
이름 모양 세우는 것 잘못된 줄 아옵니다
베 짜는 자 열심히 베를 짜고
옹기장이 부지런히 옹기를 굽고
농부는 밭을 갈고 어부는 그물 쳐서
세상 살림 일구나니
예전에 여래께서 저더러
마음 평화 이룬 중에 으뜸이라 하였으나

마음 평화 이뤘단 생각 제 스스로 없사옵고
다시 저더러 고요를 즐기는* 자라 하였으나
제 스스로 고요 속에 있단 생각
추호라도 낸 적 없음에
이름 하여 고요를 즐기는 자라 하셨을 뿐입니다
밥 먹고 꿀 먹어서 밥맛 알고 꿀맛 알지
밥과 꿀의 이름 속에 그 맛
들어있지 않음과 같사옵니다
불이란 이름 아무리 만져도 뜨겁지 않고
물이란 이름 백 번을 더듬어도 적셔지지 않음 또한
마찬가지
이름은 본질 아니거니
말할 수 없는 것을 말하고자하나 말할 수 없어
말로 하자니 필요할 뿐임을 아옵니다

---

*아란나행(阿蘭那行): 고요함을 즐기는 수행으로, 곧 공(空)의 원리를 알아 고요한 곳에서 법을 관찰하는 수행을 말한다.

자기를 남기지 말라

그렇다 수보리야
어떤 어둠이 어둠 속에서 같은 어둠이 되니
섞인 그 어둠을 찾을 수 없고
빛 가운데 선 모종의 빛이 같은 빛으로 있어
보이지 않으나 찾을 수 없고
보이지 않기에
참 어둠이 되고 참 밝음이 되듯
수보리 그대가
평화 가운데서 으뜸의 평화를 누리는 까닭은
다만 평화 속에서 평화와 한 몸이 되었기 때문으로
다시 말하자면
어둠이 나는 스스로 어둠이다 외치지 않아도
그냥 스스로 어둠이고
빛이 나는 빛이로다 선포하지 않아도
그냥 스스로 빛이라
평화를 얻은 사람이 내가 평화를 얻었다고 여긴다면

평화를 얻은 사람이 아닐 터인데
정작 평화를 얻었다고 여기지 않기에
평화 속에서 살 수 있는 것
그렇지 않느냐? 수보리야
자신이 어떤 상대가 되기 위해선
단박 상대 속에 들어가 상대가 돼 버리면 그만인 것을
자신이 상대가 되었다고 주장한다면
주장하는 자신이 남아 있으니
온전히 상대가 된 것이 아니게 되지 않느냐?
그러므로 자기를 남기지 말라
그런 까닭에 최상의 깨달음을 구하는 이는
최상의 깨달음을 구하여도 구한다는 생각이 없고
깨달음을 얻고도 깨달음을 얻었다는 생각이
한 점이라도 없어야 하나니
만약 한 점의 찌꺼기일망정
깨달음을 구하거나 얻었다는 생각이 남아 있다면
자기를 깨달음과 나눈 것이니
어찌 깨달음이 되겠느냐?
그러므로 자기를 남기지 말라
남김없이 다 써버리기에
여기 붓다는 수보리 더러

고요 가운데에서 고요를 즐기는 사람이라
이름 하나니….

〈일상무상분(一相無相分) 제 九까지〉

10. 정토를 장엄하다

- 연등불이 주신 것은?
- 불지 않으면 바람이 아니다
- 거울마음 본다면
- 돌이 모여 돌탑을 이루듯이

들썩이는 바다는
아무것도 비추지 못하면서
시끄럽고
잔잔한 바다는
만상을 환히 비추고도
고요하다

爾時須菩提白佛言世尊善男子善女人發阿耨多羅三藐三菩提心云何應住云何降伏其心佛言善哉善哉須菩提如汝所說如來善護念諸菩薩善付囑諸菩薩汝今諦聽當為汝說善男子善女人發阿耨多羅三藐三菩提心應如是住如是降伏其心唯然世尊願樂欲聞佛告須菩提諸菩薩摩訶薩應如是降伏其心所有一切眾生之類若卵生若胎生若濕生若化生若有色若無色若有想若無想若非有想非無想我皆令入無餘涅槃而滅度之如是滅度無量無數無邊眾生實無眾生得滅度者何以故須菩提若菩薩有我相人相眾生相壽者相即非菩薩復次須菩提菩薩於法應無所住行於布施所謂不住色布施不住聲香味觸法布施須菩提菩薩應如是布施不住於相何以故若菩薩不住相布施其福德不可思量須菩提於意云何東方虛空可思量不不也世尊須菩提南西北方四維上下虛空可思量不不也世尊須菩提菩薩無住相布施福德亦復如是不可思量須菩提菩薩但應如所教住須菩提於意云何

爾時須菩提白佛言世尊頗有眾生得聞如是言說章句生實信不佛告須菩提莫作是說如來滅後後五百歲有持戒修福者於此章句能生信心以此為實當知是人不於一佛二佛三四五佛而種善根已於無量千萬佛所種諸善根聞是章句乃至一念生淨信者須菩提如來悉知悉見是諸眾生得如是無量福德何以故是諸眾生無復我相人相眾生相壽者相無法相亦無非法相何以故是諸眾生若心取相則為著我人眾生壽者若取法相即著我人眾生壽者何以故若取非法相即著我人眾生壽者是故不應取法不應取非法以是義故如來常說汝等比丘知我說法如筏喻者法尚應捨何況非法須菩提於意云何如來得阿耨多羅三藐三菩提耶如來有所說法耶須菩提言如我解佛所說義無有定法名阿耨多羅三藐三菩提亦無有定法如來可說何以故如來所說法皆不可取不可說非法非非法所以者何一切賢聖皆以無為法而有差別須菩提於意云何若人滿三千大千世界七寶持用布施若有善男子

연등불(燃燈佛)*이 주신 것은?

준 자가 있으면 받은 자가 있을 터
받음으로 얻음이 되고 얻음은 모양이 되고
모양은 붙잡힘이 되고 붙잡힘은 나와 중생 구분짓고
청정국토 더럽힘을 이미 아는 바
얻을 것도 설할 것도 없는 법에 견주어
천 년 앞의 천 년 다시 그 천 년의 천 년을 앞서
디이팡카라 부처님 가시는 길에
어렵사리 겨우 구한 귀한 다섯 송이 꽃*
부처님 공양으로 바쳐 올리고
존귀한 걸음 발길 행여 적실세라
온몸 던져 진창길 막았을 적에*
그윽한 눈길 부드러운 손
디이팡카라 부처님 님을 일으켜
예경하는 님을 오히려 예경한 일은-
석가모니! 삼천 년 뒤의 이름 일러준 일은-
가슴속에 깨달음의 불씨 심어준 일은-
주신 바가 분명하고 님께선 받은 바가 명약관화
(明若觀火)

허나 다시
얻을 것도 없고 설할 것도 없는 법에 견주어
그때 얻은 인연은 뭐라 말할 건가요?
모양 있는 원인으로 모양 없는 깨달음 이루었거늘
이 모순 어찌 설명하시렵니까?

---

*연등불(燃燈佛): 석가모니불 과거 3천년 전에 계셨던 부처님. 범어로 디이팡카라(dipankara)
*오경화(五莖花): 연등불 시기에 등조왕이란 어진 임금이 부처님전 공양을 위해 사사로 꽃매매를 금하였는데 깊은 숲속에 사는 구리라는 선녀가 7송이 꽃을 화병 속에 감추고 있는 사실을 안 선혜선인이 구리선녀로부터 은전 5백냥과 구리선녀와의 혼인을 약조로 하여 꽃 5송이를 구해 연등불 전에 공양을 올리자 왕이 올린 꽃은 모두 땅바닥에 떨어졌으나 선혜선인이 올린 5송이 꽃과 구리선녀가 올린 2송이 꽃을 합한 칠경화는 공중에 떠 연등불의 보배관이 되었으니, 지금에 이르러 불교의 혼인풍속이 되어 결혼 시 부처님 전에 남자는 5송이, 여자는 2송이 꽃을 바친다. 그때의 선혜선인이 곧 석가모니 부처님이며 구리선녀는 석존의 부인 야수다라였던 것이다.
*선혜선인: 연등불이 지나는 길에 미처 손보지 못한 진창길이 있어 선혜선인이 부처님이 고이 지나가게끔 머리를 헤쳐 풀고 엎어져 온몸으로 험한 길을 메우고 있자 연등불께서 손수 선혜선인을 일으켜 발을 만지며 3천년 뒤에 석가모니라고 불리는 붓다가 되리란 수기를 주었다고 전해옴.

불지 않으면 바람이 아니다

불지 않으면 바람이 아니다
멈춰선 바람을 본 적이 있더냐
불지 않으면 바람이 아닌 것처럼
어디 한 쪽 코딱지만치라도 붙들림이 있다면
여래라 할 수 없거니
어디 한 쪽 코딱지만치라도 붙들려 있지 않다한들
그 역시 붙들림이니
연등불께서 내게 주신 은혜 천근만근
3천년이 지나고 다시 3천년이 흘러도 차마
잊을까마는
바람이 지난 밤 지나온 갈대숲의 부드러운 감촉을
몰라서 다시 찾지 않는 것이 아니라
무심(無心)이라 미련이 없는 것처럼
연등불께서 내게 준 바 고마움이 뼈에 사무친다 해도
그 준 바로 인하여 어디 한 쪽 코딱지만치라도
붙들린 줄 모르고 붙들리지 않음도 모르게 되었으니

그 무엇도 모르는 자에게
슬픔과 기쁨이 어디 있으랴
삶과 죽음이 어디 있으랴
불어야 살아나는 바람처럼 살아나면 불리는 것을….
하니 수보리야
내가 연등불에게서 얻은 바가 없어
얻은 바가 없다고 하는 것이 아니라
모양을 세우지 않으므로 그렇다고 하는 것이니
다시 들어라
불지 않으면 바람이 아니다

거울마음 본다면

얼룩진 옷감에 꽃수를 놓듯
배고픈 이에게 쌀이 되고
병든 이에게 약풀이 되어
넘치면 덜어주고 모자라면 채워주어
이 세간(世間) 조화롭게 꾸며온 일
보살의 얻은 바라 뉘 고집 부려도
보살은 정작 그런 마음 없나니
거울마음 본다면
응당 제 할 일 비출 뿐이지
달리
이래라 저래라 요구를 하나
밉다 곱다 비틀기를 하나
보살의 행(行)도 그와 같아서
마른 가슴에 단비 듬뿍 주고도
한 가닥 주었다는 생각 없나니
그와 같이 밝고 맑은 세상 일굼이
조화로운 진리의 나라 만들어감이
장엄은 장엄이라도 장엄이 아닐세라

보살의 행에 이름을 붙이자니
장엄이라 할 뿐일걸
그래 그렇듯 거울마음 본다면
만상을 비추고도 거울은 묵묵(默默)
'내가 비추노라' 포고하지 아니하니
보살마음이 곧 거울마음이라
색성향미촉법(色聲香味觸法)
온갖 경계 이루고도 어레미에 물새 듯
머물지 않아
좋다 싫다 잘났다 못났다
한 조각 번뇌도 일지 않음이
응무소주 이생기심(應無所住 而生其心)
머무는 바 없이 마음을 내는 것이라
보살의 장엄이 얻은 바란 의심*
봄눈 녹듯 풀리나니…

---

*앞에 생략돼 있지만 '보살이 불국토를 장엄하는 것은 얻음이 아닌가?' 하는 수보리의 6번째 의심을 말하며, 이 시는 그 의문에 대한 답이다.

돌이 모여 돌탑을 이루지만

돌이 모여 돌탑을 이루지만
돌은 돌탑이란 생각이 없고
다만 지나는 사람이 돌탑이라 부르듯
기인 세월 갈고 닦은 마음이
사막의 우물이 될 지라도
갈고 닦은 마음은 갈고 닦은 마음일 뿐
사막의 우물 속에는
갈고 닦은 마음이 숨어 살고
사람은 사막의 우물이라 부르며
고맙게 물은 마실 줄 알면서
빼곡 찬 마음은 마실 줄 모른다
보살의 수행도 그와 같아서
수미산* 같이 큰 몸을 만들지만
긴 세월 겹겹 쌓인 수행의 편린이라
큰 몸이란 생각이 아예 없는데
사람이 보신(報身)*이라 불러
얻은 바가 있는 줄로 여기네
돌이 모여 돌탑을 이루지만

돌은 돌탑이란 생각이 없네

  *수미산(須彌山 sumeru): 묘고(妙高)라 번역. 세계의 중심, 즉 사대주(四大洲) 복판에 솟은 8만 4천 유순의 높은 산이다. 대승정종분 제3, '하늘 마음 되다'의 삼십삼천에서 언급되었음. 여기서는 보살의 오랜 수행 결과로 나타나는 몸인 보신을 수미산에 비유하였다.

  *보신(報身): 불교에서 부처님을 말할 때에 으레 삼신(三身)을 말하는데, 즉 법신(法身), 보신(報身), 화신(化身)으로 진리의 본체를 일러 법신으로 삼아 부처님 명호가 비로자나불이 되며, 과거 수행의 결과로 얻어지는 몸을 보신으로 삼아 그 명호가 노사나불이며, 중생들을 교화하기 위하여 직접 나타내시는 몸을 화신으로 삼아 그 명호가 석가모니불이시다. 비유하면 맑은 거울의 본체와, 거울이 티가 없는 상태와, 거울에 모든 것이 잘 비치는 상태의 세 부분과 같다. '보신은 얼음이 아닌가?'란 수보리의 7번째 의심에 대한 대답을 노래하고 있다.

〈장엄정토분(莊嚴淨土分) 제 十까지〉

11. 지혜를 얻는 복이 가장 뛰어나다

- 항하의 노래
- 애초에 형상 없었으니
- 공덕

> 태산이 무너져도 흙은 흙이고
> 바닷물이 뒤집혀도 물은 물이라
> 지금 나 죽어도
> 죽는 게 사는 것임을 왜 모르랴

爾時須菩提在大眾中即從座起偏袒右肩右膝著地合掌恭敬而白佛言希有世尊如來善護念諸菩薩善付囑諸菩薩世尊善男子善女人發阿耨多羅三藐三菩提心應云何住云何降伏其心佛言善哉善哉須菩提如汝所說如來善護念諸菩薩善付囑諸菩薩汝今諦聽當為汝說善男子善女人發阿耨多羅三藐三菩提心應如是住如是降伏其心唯然世尊願樂欲聞佛告須菩提諸菩薩摩訶薩應如是降伏其心所有一切眾生之類若卵生若胎生若濕生若化生若有色若無色若有想若無想若非有想非無想我皆令入無餘涅槃而滅度之如是滅度無量無數無邊眾生實無眾生得滅度者何以故須菩提若菩薩有我相人相眾生相壽者相即非菩薩復次須菩提菩薩於法應無所住行於布施所謂不住色布施不住聲香味觸法布施須菩提菩薩應如是布施不住於相何以故若菩薩不住相布施其福德不可思量須菩提於意云何東方虛空可思量不不也世尊須菩提南西北方四維上下虛空可思量不不也世尊須菩提菩薩無住相布施福德亦復如是不可思量須菩提菩薩但應如所教住

須菩提於意云何可以身相見如來不不也世尊不可以身相得見如來何以故如來所說身相即非身相佛告須菩提凡所有相皆是虛妄若見諸相非相則見如來須菩提白佛言世尊頗有眾生得聞如是言說章句生實信不佛告須菩提莫作是說如來滅後後五百歲有持戒修福者於此章句能生信心以此為實當知是人不於一佛二佛三四五佛而種善根已於無量千萬佛所種諸善根聞是章句乃至一念生淨信者須菩提如來悉知悉見是諸眾生得如是無量福德何以故是諸眾生無復我相人相眾生相壽者相無法相亦無非法相何以故是諸眾生若心取相則為著我人眾生壽者若取法相即著我人眾生壽者何以故若取非法相即著我人眾生壽者是故不應取法不應取非法以是義故如來常說汝等比丘知我說法如筏喻者法尚應捨何況非法

항하*의 노래

말하지 않아도 춤추는 말(言)의 향연
물이었다가 모래였다가 물새 또는 구름
하늘이 되기도 한 팔만사천 장광설(長廣舌)이
구천(九千)의 낮과 밤 꽃비로 내린 곳
기원정사 앞마당 간지스 강물이여
지난 계절 헤어진 동무가 보고플 때
애절한 가슴 사연 풀고 싶을 때
진리에 목말라 애태울 때에도
언제나 가면
만나지고 풀어지고 평안해 지는 곳
세존의 품 안에선 먼지조차 한 세계가 되고
세계조차 먼지가 되는데
바람에 뒹굴든 물살에 젖든
항하여, 너의 노래는 천 년 또 천 년이 지나도
부처님 말씀으로 다시 살고 또 살아나
뭇사람의 장단이 되고 춤이 되고
생명이 되고 우주가 되는구나
지난 밤새 태워진 시신의 재

너의 품에 안기듯
강가강가(ganga ganga)! 세존의 품 안에서
금강(金剛)이 되는 너, 너의 선율을 타고
꽃잎이 흐른다 빛이 흐른다

---

　*항하(恒河 ganga): 천당래(天堂來)라 번역, 천당에서 직접 흘러나온 강이란 뜻이다. 히말라야산에서 흘러나와 동으로 흘러 벵골만으로 들어가는 강이니 지금의 간지스강이다. 이 강물이 부처님이 무려 25년 동안 계셨고 설법이 이뤄지던 주 무대였던 기원정사 앞으로 흐르고 있었으므로 경전 속에 비유로 자주 등장한다.

애초에 형상 없었으니

해와 달, 별과 바다 산과 들 모두 모여
한 세계를 이루고
그 한 세계 천(千)이 모여 소천(小千)이 되고
소천세계 천이 모여 중천(中千)이 되고
중천세계 천이 모여 대천(大千)이 되니
이를 일러 삼천대천세계라 부르지만
그 크기 어디 짐작이나 하랴
그 삼천대천세계
하나도 아니고 둘도 아니고 셋도 아닌
한 강가의 모래 수만큼도 아니고
두 강가의 모래 수만큼도 아니고
세 강가의 모래 수만큼도 아닌
한 강가 모래 수만큼 많은 강가
그 헬 수 없는 강가의 모래 수만큼 많은
삼천대천세계 크기를 상상으로도
여영 그릴 수 없거늘 어떤 사람이
그 크기의 세계 안에
금·은·유리·자거·마노·호박·진주

칠보(七寶)로 다 채워
가난한 이 돕는데 모두 쓴다면
그 복덕 얼마나 많겠냐만 한량없는 그 복덕도
진리를 깨달아 남에게 말해주는 복덕에는
미치지 못한다네
왜인가?
형상 있는 보시는 세월이 가면
언젠가 결국 무너지지만
형상 없는 보시는 아무리 긴긴 세월
지나고 또 지나도 그대로인 이유라네
애초에 형상 없었으니
아니 그런가?

공덕(功德)*

어떤 사람이 배고픈 이에게 밥을 주는 공덕보다
남에게 피해주지 않는 공덕이 더 크고
남에게 피해주지 않는 공덕보다
내 괴로움 능히 참아내는 공덕이 더 크며
내 괴로움 능히 참아내는 공덕보다
부지런히 힘써 자기를 닦는 공덕이 더 크고
부지런히 힘써 자기를 닦는 공덕보다
선정 이뤄 만물과 하나 되는 공덕이 더 크며
선정 이뤄 만물과 하나 되는 공덕보다
지혜 이뤄 남 진리로 인도하는 공덕이 더 크나니
이 경 가운데 사구게*를 받아 지녀
남에게 연설 하여 줌이
물질로 남을 돕는 복덕보다 수승하단 말이 그 말이니
지혜를 얻지 못하고 무슨 수로 사구게를
남에게 연설할 수 있으리오

---

*공덕(功德): 미래에 좋은 결과(복덕)를 불러오는 원인이 되는 착한 행(行

- 생각, 말, 행동의 지음)

　*사구게(四句偈): 게(偈)는 게송(偈頌)의 준말로 게는 범어 가타(gatha)의 음성번역이고, 송은 게의 뜻 번역으로 운문체의 문장을 말함. 경전구조의 한 부분으로서 경전의 교리나 부처님의 공덕을 찬양하는데 쓰인 운문체의 부분이다.

　여기에는 본문에 있는 것을 정리해서 운문으로 바꾸어놓은 경우도 있고 본문과는 관계없는 사실이 게송으로 나타나는 두 가지 사례가 있다. 전자를 응송(應頌)이라 하고 후자를 고기송(孤起頌)이라 한다. 그런데 경 하나에는 여러 게송이 나오는 것이 상례인데, 그 중에서 가장 중요한 부분에 속하는 것을 사구게라 한다.

　'여리실견분(如理實見分) 제 五'에서 '범소유상(凡所有相)이 개시허망(皆是虛妄)하니 약견제상비상(若見諸相非相)이면 즉견여래(卽見如來)니라 (온갖 겉모양은 모두가 허망하니 모양이 모양 아닌 줄 알면 바로 여래를 보리라)'가 금강경의 사구게에 해당한다.

<　무위복승분(無爲福勝分) 제 十一까지　>

12. 바른 가르침을 존중하라

 -. 크고 높은 것은
 -. 말씀이 있는 곳에
 -. 가고 또 가노라면

> 물은 물길을 따르고
> 바람은 바람의 길을 따른다
> 사람의 길은 어디인가?
> 박물관의 고려청자는
> 새로운 무엇이 되려하지 않는다

當諸菩薩世尊善男子善女人發阿耨多羅三藐三菩提心云何應住云何降伏其心佛言善哉善哉須菩提如汝所說如來善護念諸菩薩善付囑諸菩薩汝今諦聽當為汝說善男子善女人發阿耨多羅三藐三菩提心應如是住如是降伏其心唯然世尊願樂欲聞佛告須菩提諸菩薩摩訶薩應如是降伏其心所有一切眾生之類若卵生若胎生若濕生若化生若有色若無色若有想若無想若非有想非無想我皆令入無餘涅槃而滅度之如是滅度無量無數無邊眾生實無眾生得滅度者何以故須菩提若菩薩有我相人相眾生相壽者相即非菩薩復次須菩提菩薩於法應無所住行於布施所謂不住色布施不住聲香味觸法布施須菩提菩薩應如是布施不住於相何以故若菩薩不住相布施其福德不可思量須菩提於意云何東方虛空可思量不不也世尊須菩提南西北方四維上下虛空可思量不不也世尊須菩提菩薩無住相布施福德亦復如是不可思量須菩提菩薩但應如所教住

須菩提若善男子善女人以三千大千世界碎為微塵於意云何是微塵眾寧為多不甚多世尊何以故若是微塵眾實有者佛則不說是微塵眾所以者何佛說微塵眾則非微塵眾是名微塵眾世尊如來所說三千大千世界則非世界是名世界何以故若世界實有則是一合相如來說一合相則非一合相是名一合相須菩提一合相者則是不可說但凡夫之人貪著其事須菩提若人言佛說我見人見眾生見壽者見須菩提於意云何是人解我所說義不不也世尊是人不解如來所說義何以故世尊說我見人見眾生見壽者見即非我見人見眾生見壽者見是名我見人見眾生見壽者見須菩提發阿耨多羅三藐三菩提心者於一切法應如是知如是見如是信解不生法相須菩提所言法相者如來說即非法相是名法相須菩提若有人以滿無量阿僧祇世界七寶持用布施若有善男子

크고 높은 것은

여기서도 하늘을 보지만 만 리 밖에서도 하늘을 보듯
크고 높은 것은 도처의 이목을 끌어 모으지요
임자가 누구건 크고 높은 것은 쥘 수 없고 범할 수 없으니
지키지 않아도 잃어버리거나 부서질 걱정 없지요
저 하늘이 크고 높지만 법(法)은 그보다 더 크고 높지요
하늘이 붉건 푸르건 별이 흐르건 멈추건 간에
세상의 모든 작용, 법 속에서 일고 또 스러지니까요
손을 흔들면 바람이 일고 손뼉을 치면 소리가 납니다
죽어 있던 바람이 살아나는 것, 숨었던 소리가 일어서는 것
이 모두 법이 알아서 하는 짓
하늘 끝의 끝이건 바다 밑의 밑이건
법이 없는 곳은 없습니다만
이 법이 나오는 원리 여기 금강반야* 경* 속에 있습니다
하여

저 하늘이 크고 높지만 하늘보다 크고 높은 것은
부처님의 말씀입니다

*금강반야(金剛般若): 부서지지 않는 지혜란 뜻으로 이 경의 제목
*경(經 sutra): 부처님의 말씀

말씀이 있는 곳에

공중의 새들이 허공을 갈라 오고가지만
허공은 허공으로 남아 그대로이고
물 속 물고기들이 물을 헤쳐 오고가지만
물은 물 그대로 빈자리 표시 없듯
세상 속에서 우리 목숨 오고가지만
세상은 세상이란 이름으로 변동 없나니
본디 모습 모두 그대로고 또 그대로다
그대로 있다는 건 어제도 그대로였고
오늘도 내일도 그대로란 말인 지라
소폐간다는 말조차 허용하지 않네
그렇듯이 세상의 모든 존재
세상의 모든 나타남이 시시비비 희로애락
별별 요동을 쳐도
나타남의 바탕은 끄덕도 없으이
그 바탕- 모양도 소리도 없지만
우주 삼라만상 틈새 없이 싸고돌고
만상은 그 속에서 살고 죽고 또 죽고 살고
모양도 소리도 없지만 만유의 탄생처요

다시 소멸처인 그 자리 그 모습
말씀으로 보인 거울 바로 반야경*
거룩하여라 그 말씀 있는 곳에
하늘무리든 이 세상 사람이든 아수라*의 무리든
우러러 꽃 뿌려 공양 예배하네
도리천*궁 제석왕도 선법당*에서
반야경을 즐겨 강설하시니
하늘무리 아수라들 찾아와 경청하네
간혹 제석천왕 자리를 비운 날도
빈자리에 놓인 반야경에 깍듯이 공경하여
온몸 던져 절하고 돌아간다네
말씀이 있는 곳에 부처님 계시니까

---

*반야경(般若經): 단일 경전이 아닌 반야부 계통의 경전을 집대성한 총서로 대승경전 중 가장 초기에 성립되었음. 공사상(空思想)을 담고 있으며 여기 금강경은 대반야경 총 600권 가운데 577권에 해당한다. 공사상의 진수를 설파한 금강경 속에는 본 의미로서의 '공(空)'자가 한 자도 나오지 않는다.

*아수라(阿修羅 asura): 비천(非天) 또는 무단(無端)이라 번역, 하늘무리가 아니고 단정한 품위가 없다는 뜻이다. 이들은 제석천왕과 함께 도리천에 사는데 복은 하늘무리와 같으나 못생기고 싸움을 좋아하기 때문에 붙여진 이름이다. 싸움이 치열한 것을 나타내는 '아수라장'의 어원이다.

*도리천(忉利天): 욕심이 있는 중생이 사는 욕계(欲界)에 속하는 六욕천

(사왕천, 도리천, 도솔천, 야마천, 화락천, 타화자재천) 중의 하나로 이곳을 다스리는 왕이 제석(帝釋)이다.
　*선법당(善法堂): 제석천왕의 궁궐.

가고 또 가노라면

룸비니*에서 쿠시나가라*까지
길에서 나시고 길에서 가신
팔십 평생 전부
산이 높으나 물이 깊으나 중생 위하여
지위도 버려 명예도 버려
아내도 자식도 버려 버려
피골상접(皮骨相接) 되어도 오르고 건너
세상 고통 잠재우는 새 길 내셨으니
삶과 죽음 뛰어넘은 열반*의 길이라
붙들어 매면 괴로움 내려놓으면 즐거움
괴롬의 원인을 알아 매임이 없고
즐거움의 원인을 알아 바른 길 가시니
멈출 때 잘 멈추고 가실 때
참 잘 가시는 이라
우리 목숨 사람 몸 받기 어렵고
사람 몸 받아도 부처님 법 만나기 어려운데
지금 거룩한 말씀 만났을 때
고도(古都)를 만나 손질하여 살듯

흔적을 따라 길을 따라서
너도나도 끝없이 말씀의 땅 끝으로
가도 가도 가없어도 가고 또 가자
넘어지고 깨어져 피 흘려도
가고 또 가노라면
가장 높아서 손댈 수 없는 법
제일이어서 비할 수 없는 법
희유하여서 귀한 법
이 모두 기필코 성취하게 되리니
말씀의 땅에서는
부처님과 거룩한 제자들이
살고 또 태어나는 까닭이니라

---

*룸비니: 룸비니 동산, 이 경의 설법자인 석가모니 부처님께서 마야부인을 어머니로 태어나신 곳.
*쿠시나가라: 석가모니 부처님께서 열반에 드신 장소. 대장장이 춘다로부터 전단향 버섯공양을 받아 드신 후 병세가 악화되었으나 다시 설법길에 올랐다가 이곳 쿠시나가라 사라쌍수 나무 아래에서 열반에 드심.
*열반(涅槃 nirvana): '불어서 끄다'는 의미로서 모든 번뇌가 아주 사라져 평온해진 상태. 깨달음의 궁극.

〈존중정교분(尊重正敎分) 제 십이까지〉

13. 법답게 받아 지녀라

- 반야는 반야가 아니다
- 고향에 살기에
- 여래의 세계는

> 알면 없고 모르면 있고
> 속아 산 세월이 몇 겁이더냐
> 꽃도 한 철 나비도 한 철
> 한숨도 눈물도 한 때인 것을

佛言善哉善哉須菩提如汝所說如來善護念諸菩薩善付囑諸菩薩汝今諦聽當為汝說善男子善女人發阿耨多羅三藐三菩提心應云何住云何降伏其心唯然世尊願樂欲聞佛告須菩提諸菩薩摩訶薩應如是降伏其心所有一切眾生之類若卵生若胎生若濕生若化生若有色若無色若有想若無想若非有想非無想我皆令入無餘涅槃而滅度之如是滅度無量無數無邊眾生實無眾生得滅度者何以故須菩提若菩薩有我相人相眾生相壽者相即非菩薩復次須菩提菩薩於法應無所住行於布施所謂不住色布施不住聲香味觸法布施須菩提菩薩應如是布施不住於相何以故若菩薩不住相布施其福德不可思量須菩提於意云何東方虛空可思量不不也世尊須菩提南西北方四維上下虛空可思量不不也世尊須菩提菩薩無住相布施福德亦復如是不可思量須菩提菩薩但應如所教住

須菩提於意云何可以身相見如來不不也世尊不可以身相得見如來何以故如來所說身相即非身相佛告須菩提凡所有相皆是虛妄若見諸相非相即見如來須菩提若善男子善女人以三千大千世界碎為微塵於意云何是微塵眾寧為多不須菩提言甚多世尊何以故若是微塵眾實有者佛則不說是微塵眾所以者何佛說微塵眾則非微塵眾是名微塵眾世尊如來所說三千大千世界則非世界是名世界何以故若世界實有者則是一合相如來說一合相則非一合相是名一合相須菩提一合相者則是不可說但凡夫之人貪著其事須菩提若人言佛說我見人見眾生見壽者見須菩提於意云何是人解我所說義不不也世尊是人不解如來所說義何以故世尊說我見人見眾生見壽者見即非我見人見眾生見壽者見是名我見人見眾生見壽者見須菩提發阿耨多羅三藐三菩提心者於一切法應如是知如是見如是信解不生法相須菩提所言法相者如來說即非法相是名法相

반야*는 반야가 아니다

작용(作用)으로 인하여 모양을 드러냄이라
본디 텅 비어 아무것도 없으나
미워하여 미움의 세계 사랑하여 사랑의 세계
불러일으키니
미움과 사랑 부르는 주인공 그 누군가?
어제 저녁 첫눈에 반해버린 그 사람이
이번 생에 처음인 것이지
백 번 천 번 살고 죽는 긴 세월 동안
쌓고 또 쌓은 숨결이란 걸 알면
작용의 주인은 세월도 아니고 나도 아닌
인연의 고리임을 사뭇 알아채지 못할까마는
모습이 없으니 볼 수 없고
이름이 없으니 부를 수 없으며
눈이 오나 비가 오나
님이 오나 원수가 오나
때맞춰 올 건 오고 갈 건 가며
이름 있는 것 이름 없는 것 뭇 생명 오고갈 때
어느 때 어느 곳에서

살릴 건 살리고 죽일 건 죽여
세계의 질서를 바로 세우는
불멸의 존재인 것을
그 이름 붙이자니 반야라 할 뿐일걸
이름으로 뜻을 세울 수 없고
뜻으로 이름 붙일 수 없으므로
반야는 반야가 아니다
하여 수보리야
모든 존재 모든 현상 저절로 이뤄져
세상에 그 무엇도 분별할 바 없고 또 없지만
여러 사람 편리 위해 이 경 이름 물으니
'금강반야바라밀'* 일러 구분 지을 뿐
개똥이면 어떻고 소똥이면 또 어떨까
이름은 이름일 뿐 이름은 이름이 아니기 때문에
반야바라밀은 반야바라밀이 아님을
아는 사람이
이 경 제대로 받아 지닌 행자이니라

---

*반야(般若 prajna): 무분별지(無分別智)로 번역, 언어사량(言語思量)으로 얻어질 수 없는 궁극적 지혜를 말한다. 현상세계의 배후에서 엄격히 작용하는 침묵의 힘으로서 그 특징은 무구(無垢), 무애(無碍), 활동성(現發)이다.

*금강반야바라밀(金剛般若波羅蜜 vajracchediaa prajnaparamita): '금강'은 무엇으로도 깨뜨릴 수 없는, 또는 무엇이든 자를 수 있는 의미이고, '반야'는 위 설명이며, '바라밀'은 도피안(到彼岸)이라 번역, 모든 번뇌가 아주 사라진 열반의 세계(완성의 세계)로 건너간다는 말하니, 이어보면 '금강 같이 굳은 무분별의 지혜로 무명의 어리석음을 끊고 열반의 저 언덕으로 건너간다'는 뜻이 된다. 그 법을 말씀하신 경이 '금강반야바라밀경'이다.

고향에 살기에

고향에 산다
사랑 없고 미움 없는
기쁨 없고 슬픔도 없는
고향에 산다
잘난 사람 없고 못난 사람도
없어
짐질 것 없고 내세울 것도
없다
없고 없어 있는 건 아예
없는 이곳에선
적막이 왕이고
일없는 일이 백성이다
부초처럼 떠돌던 시절도
있었지 허나
고향 찾은 이후 여직
고향 떠난 적 없기에
무엇 하나 있는 게 없는
고향에서는

말(言)은 말로 떠돌 뿐
내가 말이 된 적은
없었다
재빠르게 등걸 속 숨는
다람쥐 보았나?
등걸만 남고 다람쥐 모습 감춰
방금 숲에서 본 다람쥐는
없는 것처럼
금방 말은 하였으나
말은 말로 떠돌 뿐
말한 사람은 없는 것이다
하여 말하였으되 말한 바가
없고
먼지라고 하는 것도
단순한 먼지일 뿐
어디에 물들고 자빠지는
먼지가 아니라서
먼지는 먼지가 아니고
그 이름이 먼지며
세계도
단순한 땅덩어리일 뿐
살기에 나쁘거나 좋거나 하는

일으킴 없기에
세계는 세계가 아니고
그 이름이 세계인 것
고향에 살기에
한 점 매일 것 없는
고향에 살기에

여래*의 세계는

산 너머 솟는 연기만 봐도
산 아래 불난 줄 짐작하지만
그 불이 산불인 지 짚불인 지
밭두렁이 타는 지 논두렁이 타는 지
점찍어 알 수 없듯
모양으로 볼 수 없는 여래
삼십이상*으로 여래 몸 갖췄다고
진짜 여래인 줄 알 수 있을까?
모양은 그냥 모양일 뿐
사람들이 의미를 둬서 의미인 것이지
모양은 의미가 아니고
무슨 모양일 지라도
먼지가 세계가 되고 세계가 먼지가 되듯
모양을 모양 그대로
딱히 붙들어 맬 수 없기에
모양은 실재(實在)가 아닌 것
실재가 아니기에 모양은 모양이 아니고
그 이름이 모양이며

여래의 세계는
생겨나지도 사라지지도 않고
더러워지지도 깨끗해지지도 않으며
늘지도 줄지도 않으며
가지도 오지도 않는 것이라서
모양으로는 결코 여래를 볼 수 없지
그러니 열 번 천 번 넘어
수 만 수천억 번씩이나
남 위해 내 목숨 버린다 하여도
큰 복덕은 이루겠지만
그 복덕도 저절로 삼아진 게 아니라서
장차 번뇌의 물꼬가 되어
차라리 이름뿐인 먼지만도 못하니
지혜 얻어 모든 번뇌 몰아내게 하는
이 경 사구게를 말해주는 복덕에
몇 푼이나 따를 수 있을까
여래의 세계는
그렇고 그렇다

---

*여래(如來): 부처님 열 가지 명호중의 하나. 선현기청분 제 二,

<다타아가도> 참조.
　*삼십이상(三十二相): 세계를 다스리는 이상적인 왕인 '전륜성왕'과 '부처님'만이 갖추고 있는, 정상육계(頂上肉髻)로부터 족하평면(足下平面)에 이르기까지 신체적으로 뛰어난 32가지 모습을 말함.

<여법수지분(如法受持分) 제 十三까지>

14. 모양을 여의어 평안에 이르다

-. 내 가슴에도 눈물이
-. 맑고 가벼운 바람이 되어
-. 적멸굴 가는 길
-. 비움의 이유
-. 이 경을 지녀도 괴로운 과보는?
-. 비움의 법칙
-. 길 모르는 사람에게
-. 그대로 믿고 행하라
-. 깨·믿·함
-. 아이야, 문 닫지 마라

> 산 가운데 죽음이니
> 한 생각도 일지 않음이요
> 끊어진 데서 길이 열리니
> 벼랑 끝 잡은 손을 놓아라
> 캄캄한 곳이 돌연 밝아져
> 눈 감았던 자만 빛을 본다

囑諸菩薩世尊善男子善女人發阿耨多羅三藐三菩提心云何應住云何降伏其心佛言善哉善哉須菩提如汝所說如來善護念諸菩薩善付囑諸菩薩汝今諦聽當為汝說善男子善女人發阿耨多羅三藐三菩提心應如是住如是降伏其心唯然世尊願樂欲聞佛告須菩提諸菩薩摩訶薩應如是降伏其心所有一切眾生之類若卵生若胎生若濕生若化生若有色若無色若有想若無想若非有想非無想我皆令入無餘涅槃而滅度之如是滅度無量無數無邊眾生實無眾生得滅度者何以故須菩提若菩薩有我相人相眾生相壽者相即非菩薩復次須菩提菩薩於法應無所住行於布施所謂不住色布施不住聲香味觸法布施須菩提菩薩應如是布施不住於相何以故若菩薩不住相布施其福德不可思量須菩提於意云何東方虛空可思量不不也世尊須菩提南西北方四維上下虛空可思量不不也世尊須菩提菩薩無住相布施福德亦復如是不可思量須菩提菩薩但應如所教住

須菩提若善男子善女人以三千大千世界碎為微塵於意云何是微塵眾寧為多不須菩提言甚多世尊何以故若是微塵眾實有者佛則不說是微塵眾所以者何佛說微塵眾則非微塵眾是名微塵眾世尊如來所說三千大千世界則非世界是名世界何以故若世界實有者則是一合相如來說一合相則非一合相是名一合相須菩提一合相者則是不可說但凡夫之人貪著其事須菩提若人言佛說我見人見眾生見壽者見須菩提於意云何是人解我所說義不不也世尊是人不解如來所說義何以故世尊說我見人見眾生見壽者見即非我見人見眾生見壽者見是名我見人見眾生見壽者見須菩提發阿耨多羅三藐三菩提心者於一切法應如是知如是見如是信解不生法相須菩提所言法相者如來說即非法相是名法相須菩提若有人以滿無量阿僧祇世界七寶持用布施若有善男子

내 가슴에도 눈물이

내 가슴에도 눈물이
살았었나 봅니다
흐르지 않았으면 모를 눈물이
오늘 지금 흐르고 있으니까요
육남매 홀로 키운 울 엄니
얼마나 힘들었을까
남 몰래 운다지만
내 어릴 적 엄니 베개는
밤새 흠뻑 젖어 있었고
그 설운 훌쩍임 헤아리지 못해
눈물은 아픈 자의 몫이라며
차갑게 돌아눕던 나
쌈박질에 코피가 터져도
울지 않았고
애비 없는 후레자식이라 놀림 당해도
결단코 울지 않았었지
지금도 다 헤이지 못하지만
아, 엄니는 그때 얼마나 힘들었을까

아파도 아픔을 삼켰던 세월
또 세월
먼저 간 친구, 떠나버린 사랑
이별 앞에서 울지 않았고
사랑 앞에서 매달리지 않았다
뼈아픈 실패를 맛보고도
매운 최루탄을 뒤집어쓰고도
악악, 악은 썼을지언정
눈물은 나약한 자의 몫이라며
꾹꾹 누르고 눌렀던 눈물이
그 눈물이 금당선원* 뜰 앞에서
위선의 탈을 벗던 그 날
이십년 전
티끌보다 못한 신세 서러워 부끄러워
열흘 동안 울고 또 울었었지
참을 수 있는 눈물은 눈물이 아닌가
그저 끝없이 흐르던 눈물
그때 눈물 쏙 다 빼고 다시는
안 흐를 것 같던 눈물이
오늘 지금 진리 앞에서 흘리는
수보리의 눈물에 함께 웁니다
어떤 값비싼 희생 치르더라도

도무지 풀 수 없고 또 풀 수 없는
존재의 비밀- 푸는 열쇠
받아 쥐고 우나니
이 눈물 다시 언제 그칠 지 모르지만
슬퍼 울고 서러워 울고 기뻐 우는
내 눈물의 변천사
참 철없고 덧없지만
엄니 엄니
내 가슴에도 눈물이
살았었나 봅니다

---

*금당선원(金堂禪院): 대구 팔공산 동화사의 부속 선원으로서 이 글의 배경이 된 당시 필자가 홀로 폐쇄된 선원을 지키고 살았음.

맑고 가벼운 바람이 되어

맑고 가벼운 바람이 되어
하늘도 모르고 땅도 모르게
꽃잎이 깨나면 꽃잎이 깨나는 대로
풀잎이 누우면 풀잎이 눕는 대로
서는 자 그대로 서게 하고
눕는 자 그대로 눕게 하리라
웃음이라도 눈물이라도
찾은 게 있으면 잃는 것도 있는 법
찾고 얻어 가진 것
많으면 많을수록 크면 클수록
잃는 것도 많고 크나니
내 사는 동안
산굽이 물굽이 오르고 내리며
기쁨슬픔 후회희망 설렘미련
눈에 묻고 코에 묻은 가지가지 물들임
세수한들 닦일까 화장한들 티 안 날까
지울 수 있으면 지우련만 지울 수 없어
하릴없이 업고 간다 보듬고 간다

가다 보니 어느덧 내 나이 쉰 살
놓아야지 버려야지 내 모든 선택
버리고 또 버려
밀리면 밀리는 대로 당기면 당기는 대로
오직 맡길 뿐
찾을 것 없고 얻을 것 없다
찾은 게 없어야 잃을 게 없는 귀결
맑고 가벼운 바람이 되어
찾으려야 찾을 수없는 마음과 한 몸 되어
그 어떤 웃음 그 어떤 눈물도
오면 오는 대로 가면 가는 대로
버려두리라 붙들지 않으리라
돌아보면 눈물 나니 돌아보지 말고
주름살 못난 표정 옆에 젖혀두고
오늘 지금 이 자리
표시 없는 표시로 살아
산들산들 봄바람이다
세존께서 부친 바람-사구게* 바람
웃음 나면 웃음 금방 쓸어버리고
눈물 나면 눈물 금방 앗아버리는
열한 살 바람이다
당장 밀리고 쓸려 문드러져도

펄펄 날고 또 날아 흩어지고 말 일이지
어느 모서리 한 점 귀에라도
눌러 붙지 않는
맑고 가벼운 바람이 되어
산을 넘어도 산은 그대로 산
물을 건너도 물은 그대로 물
물들이지 않고 흔들지 않고
과거 현재 미래 삼세
꿈쩍 않는 세계로
꿈같이 별같이 사라지리라
맑고 가벼운 바람이 되어

---

*사구게: 124쪽 '무위복승분 제11'의 「공덕」에서 설명되었슴. 이 시는 항하사와 같이 수많은 목숨을 보시하는 공덕보다 사구게를 남에게 연설해주는 공덕이 수승하다는 '여법수지분 제13' 세존의 말씀 끝에 눈물을 흘린 수보리와 필자의 감응을 노래하였다. '여리실견분 제5'의 '범소유상 개시허망 약견제상비상 즉견여래' - 사구게에 대한 감응을 나타냈다고 보면 무방하다.

적멸굴(寂滅窟)* 가는 길

고요도 끊어져 적멸이라 부르는 곳
신라의 원효*가 살고 조선의 수운*이 살고
수년 전 큰절 뒷방 노스님도 살았던 굴
나도 인연 맺어볼까 말만 듣고 산에 간다
산을 오른다
깊은 골 물소리 속세인 양 밀어내고
45° 70° 올막 또 오르막으로
가파른 초행 산길 온몸 부비니
속살 불리기라도 하듯 땀이 쏟아진다
숨길은 쇄액쇄액 다리는 후들후들
변변히 쉴 데도 없어 비탈지나마나
솔 그늘 아래 한번은 쉬어야겠다
"후유, 이 무엇인고?"
산꼭대기 앉아도 공부만 잘하면
먹을 거 입을 거 부처님이 다 주신다는
정결한 믿음으로
중 살림이 그렇듯 걸망 하나 달랑 지고
잠자리 먹거리 반지르르한 큰절 떠나왔다

"오솔길 따라 팔부능선 이르면 섬돌 같은 받힘돌 나타날게야.
 그게 극락돌이야. 거기서 왼쪽으로 꺾어.
 그자서는 적멸굴까지는 평지라 그저먹기여."
뒷방 노스님 말씀을 따라 다시 걷고 또 걷지만
팔부능선은 멀기만 하다
소나무보다 굴참나무 더 많은 길
오를수록 물든 잎사귀 산이 노랗다
가쁜 숨 턱밑에 차오르니 하늘도 노랗다
어지럽다 어지러워
머리 추슬러 다시금 화두(話頭)*를 챙긴다
"이뭐꼬? 이뭐꼬?..."
화두도 노랗게 물들어간다
물들어 점점 짙게 물들어
걸음걸음 화두 속으로 걸어간다
문득 보는 나는 없고 보이는 화두만 남아
더 이상 나는 내가 아니다
나는 실재(實在)지만 화두는 실재가 아니라서
내가 아닌 나는 실재가 아닌 것
하지만 노랗게 물든 화두 '이뭐꼬? 이뭐꼬?'
그 모습 그 소리 분명하고 역력해
영락없이 실상(實相)이라 속는 순간

턱! 극락돌에 발 디뎠다
번쩍 번갯불이 내리친 듯
툭! 천 길 낭떠러지 떨어진 듯
쑥
나도 화두도 사라져버렸다
감쪽같이 사라지고 몰려온 텅 빔
아! 아뜩한 적막과 고요-부처님 나라일까?
아니 아니 그마저도 없어야지
예나 제나 드러나지만 드러내면 도가 아니라서
진리의 모습은 진리의 모습이 아니며
여래는 이름 하여 <실상>이라 할 뿐이다
잠에서 깨어나자 잠에서 깨어나면
나는 나 화두는 화두
간다 간다 나는 간다 적멸굴을 향하여
내리막 같은 평지 오솔길
사자처럼 걸어간다
천성산(千聖山)* 열두 봉우리 한눈에 들어오는
좌선바위 지나니
푸른 대숲 도열하고 그 대숲 너머 바로
없는 듯이 숨어
불곰이 아가리 벌린 듯
적멸굴 버텨 섰다

동굴의 신장님께 넙죽 큰절 올리고
굴 안쪽 끄트머리 쫄쫄 흐르는 샘물 한 바가지
목 축여 깬 정신 또 깨고 보니
동굴 앞에 돌배나무 한 그루
주렁주렁
갓난아기 주먹만한 노랑열매 달고 있다
따 모으면 보름 식량은 충분하지 싶다

---

*적멸굴(寂滅窟): 경남 양산군 하북면 용연리 천성산에 있는 동굴로 여러 선지식들의 수행처로 알려져 있다. 필자도 이 글의 소재가 된 당시 동안거 한철을 이곳에서 보냈다. 금강경 '이상적멸분 14'의 이상적멸(離相寂滅), 즉 '모든 모양을 떠나 평안에 이르는' 경지가 어떠한 것인지를 나타내기 위하여 '적멸굴 가는 길'을 소재로 삼았음을 밝힌다. 비범함으로 도를 삼으면 도는 점점 멀어질 것이다. 우리 금강경도 쉽게 알아먹어야 될 일인 것이다.
*원효(元曉): 원효대사(617~686)를 말함. 신라의 고승으로서 불교대중화를 위해 헌신하였으며 <화엄경소> <금강삼매경소> <대승기신론소>와 더불어 81편의 저서를 남긴 것이 문헌상에 보이나 지금까지 전하는 것은 15종에 불과하다. 해동의 생불로 추앙받고 있음. 적멸굴은 크게 알려지지 않은 원효대사의 수행처이다.
*수운(水雲): 근대 민족주의의 선구적 사상가로서 동학(東學 천도교)의 창시자인 최 재우(1824~1864)의 호(號). 지금도 천도교도들은 교조의 수행성지인 적멸굴을 가끔씩 찾고 있다.
*화두(話頭): 이야기의 말머리. 선종(禪宗)에서 수행자의 마음을 연마하

기 위해 부과하는 시험문제, 또는 선지식의 말에서 이루어진-참선자가 연구해야할 문제를 말한다. 공안(公案)이라고도 하며 무자화두(無字話頭) 등 1700여 가지가 전한다.

*천성산(千聖山): 앞 적멸굴의 설명에 길게 부연하면, 하루는 원효대사가 선정삼매 중에 중국 대륙을 관(觀)해보니 중국 장안의 종남산 운제사라는 큰절이 여름 장마로 뒷산이 무너져 도괴 직전의 순간이었다. 운제사라는 절은 중국에서도 유명한 선방으로 그 당시 천 명 대중이 큰방에서 정진하고 있는 중이었다.

원효대사는 천 명 대중의 생명이 위급함을 간파하시고 깔고 앉았던 널판자를 중국 대륙을 향해서 날려 보냈다. 이 때 운제사의 스님 한 분이 도량을 거닐고 있다가 이상한 물건이 마당 한 가운데서 빙빙 돌고 있는 것을 보고 큰방에 들어가서 대중에게 전하였다.

정진 중이던 천 명 대중이 공중에 떠다니는 이상한 물건을 보기 위하여 마당에 나왔다. 그 순간 뒷산이 무너지면서 큰방을 덮쳐 절이 허물어져 버렸다. 기적적으로 목숨을 건진 천 명 대중들이 공중에 떠있는 이상한 물건을 보고 감사의 합장배례를 하는데 공중에 떠 있던 널판자가 그때서야 마당에 떨어졌다.

그 널판자를 보니 이렇게 적혀 있었다. '신라의 원효가 널판자를 던져 대중을 구한다(海東元曉 擲板救衆)' 이 글을 본 대중들이 원효대사의 도력을 흠모하여 신라 땅 원효대사를 찾아 제자 되기를 간청하니 대사는 기꺼이 허락하고 천 명 대중이 수도할 장소로 산신령이 인도한 '원적산'을 택하였다.

이때 원효대사 밑에서 수도한 천 명 대중이 모두 득도하여 성인이 되었다고 하여 원적산을 <천성산>으로 바꾸어 부르게 되었다.

비움의 이유

알면 알수록 아는 것은
좀 벌레처럼 야금야금
발을 갉고 손을 갉아 손발을 묶고
마침내는 온 가슴 두려움의 오랏줄로
자유 동맥 결박하여 생명 가져가는데
아는 것은 담는 것
아는 게 많을수록 아는 것은
담는 그릇의 부담이 되고
넘침이 되고 적심이 되고
번짐이 되어
주변의 부자유로 끝장을 보니
이름을 이름으로 알아 이름에 매이고
모양을 모양으로 알아 모양에 매이고
뜻을 뜻으로 알아 뜻에 매이므로
알면 알수록 아는 것은
나와 남을 구분 짓고 나와 중생 따로 여겨
목숨 장단 매여 살아 괴로움이 필연이라
어찌 생각 한낱이라도

내 것 가지리오
생각은 씨앗
뿌려진 씨앗은 싹터 자라 열매 맺나니
욕망이 되었든 후회가 되었든
의지가 되었든 심지어는
존재라는 끈 -그 한 올이라도
움켜잡는다면
죽음이 대수가 아니라 죽음보다 긴
윤회의 사슬에 결박당할지니
비워야지 놓아야지
여태껏 거머쥐고 품어왔던 생각
생쥐처럼 들쑥날쑥 지금 이는 생각마저
흐르는 물이 되고 지나는 바람 되지
추호라도 어디 붙어 재고 내세운다면
파도에 숙도독 맞고 또 일이맞이도
떨어지지 않는 따개비로 사나니
아무렴
바다만 보고 어찌 사나
파도만 맞고 어찌 사나
사방팔방 대소장단(四方八方 大小長短)
생멸귀천 유무미추(生滅貴賤 有無美醜)
모두 보고 모두 받고

이 맛 저 맛 다 보고 웃어도 울어도
한마디 불평 없이 살고자 하여
내 그릇 말끔히 비워둬야 한다
넘치면 적시고 적시면 번지며
번지면 남의 불편 주게 되나니
있는 듯이 없는 듯이 살고자 하는 것
비움의 이유이다

이 경을 지녀도 괴로운 과보는?

믿고 이해함은 안다는 것
아는 것은 담는 것이라
진리든 진리 아니든 아는 것이
새털같이 가볍다손 치더라도
가벼운 만큼
담는 사람의 짐이 되니
안 뒤엔 훌훌 털어 비우고 또 비워
친구든 원수든 오갈 수 있도록
활짝 문 열어 불 밝혀야 하거늘
'이 경 받아지니라' 한 말씀
공연히 짐 지우는 건 아닌 것인지
의심이 가옵니다
긴긴 세월 수많은 목숨 보시하여도
저절로 삼아진 게 아니라면
괴로운 과보 받아야만 하는
보살의 고행과 다른바 무엇이며
세존께서도 그 옛날
경을 읽고 설하기도 하셨지만

가리왕*의 환란을 당했으면서
어찌 경 지니는 공덕만 훌륭하다고
맹종하라 하시옵니까?
세존께서 그랬듯이
이 경 지녀도 괴로운 과보는
면치 못하는 것 아니옵니까?
위없는 법문을 열어주소서

*가리왕(歌利王 kali): '가리'는 극악(極惡)이라 번역하니 지극히 포악하다는 뜻이다. 석가모니 부처님의 전생에 바라문으로 수행했을 때의 임금이었는데 그는 일방적인 오해로 바라문의 몸을 갈기갈기 찢었다. 일방적인 오해란 왕이 궁녀들을 대동하여 숲속에 소풍을 나왔다가 숲속에서 홀로 선정에 든 바라문을 본 궁녀들이 저절로 존경심이 나 바라문 곁으로 갔는데, 왕은 바라문이 궁녀들을 유혹했다고 여긴 것이었다. 그때 바라문은 무상(無相)의 이치를 잘 알아서 조금도 화를 내지 않았다. 경에는 이러한 참된 인욕바라밀을 설하여 위 시의 의문에 답하고 있다.

비움의 법칙

　서(西)에서 동(東)으로 숨기지는 않지만 멀리 고갯마루 넘어가는 갓 쓴 나그네처럼 시나브로 짜부라져 숨어버리는 달—망(望)에서 삭(朔)까지 삭에서 망까지 썰물 밀물 제 맘대로 바닷물이 꼭두각시인가 이 땅의 한 켠에서 갑작스런 죽음의 외마디 물에 불어터진 몸을 일으키고 만 사람의 가슴 무너져 내리는 통곡과 눈물이 포말로 삭는 소리를 훅훅 토해내어도 숨어 보일 뿐이지 언제나 달은 둥그런 달의 모습으로 낮이고 밤이고 간에 짬 없이 너와 나의 머리 위를 착착 돌아 결난코 빌더니는 법이 없듯 뻐뻐스러울 만치 <비움>은 느슨하지도 팽팽하지도 않은 표시 없는 표시로 어중이떠중이 뺀질이똑똑이 가림 없이 모두의 출입을 허용하지만 들어오는 족족 한번 빠지면 다시 헤어나지 못하는 허방다리의 아가리처럼 젖은 땅엔 젖은 흙으로 마른 땅엔 마른 흙으로 덮어 그 허방을 위장하여 받 들이는 모든 것 싸그리 죽이나니 표시가 나면 비움은 비움이 아닌 것이 비움이므로 나타난 상대를 남김없이 쓰거나 아예 버려 오고감의 티가 없게 하는 것이 비움의 제 1법칙이며, 죽

기 전에 지렁이도 밟으면 꿈틀거리고 쥐도 궁지에 물리면 고양이를 문다고 허방다리 빠진 어중이떠중이 뺀질이 똑똑이 온갖 발악으로 미쳐 날뛰며 제 살 갈가리 찢어 피로 물들이고 목이 터져라 한 맺힌 비명 질러댈 지라도 이 땅의 아픔에 달이 아파하지 않고 이 땅의 슬픈 물들임에 달이 물들지 않듯 모질지만 모진 흔적 없게 슬픔은 물이 되고 아픔은 빛이 되게 모양과 소리는 그냥 모양과 소리로 흐르게 해야 허공의 몸 얻게 되나니 이 세상에 짐 지지 아니한 사람은 없고 짐을 질 바에야 짐도 짐 나름이지 짐을 벗게 하는 짐을 질 것이며 그 짐이 바로 (내가 없게 하여) 모든 경계 섭수함이니 어떠한 경계든지 오면 오는 대로 가면 가는 대로 저항하지 말고 그대로 두라함이 비움의 제 2법칙이며, 주인은 주인의 모양이 없고 손님은 손님의 모양 없어 둘의 왕래가 자유로움이 지구별의 그늘이 막아서든지 하늘의 먹구름이 거치적거리든지 간에 거리낌 없이 눈썹달로 보이고 반달로도 보이며 그러려는 생각도 없지만 감추나 마나 제 모습 그대로 둥그런 달의 운행은 그치지 않는 것과 같아 모양을 세우지 않는 것은 세상의 맑음이고 갖가지 존재의 능히 참고 이겨냄이라 <너>와 <나>가 없어 온갖 괴로움 거뜬히 초월케 하는 무상(無相)*의 공덕이 이 경으로부터 나왔으므로 이 경을 믿어 이해하고 받들어 지니는 것이 비움

의 제 3법칙이니, 비움의 법칙으로 말미암아 <너><나>가 없으나 <너><나>가 없으므로 <너><나>가 없다는 관념마저 사라져 법이 없고 법이 없으므로 비었다는 세계마저 비어버리니 인욕바라밀*은 인욕바라밀이 아니며 이런 까닭으로 보살은 모양이란 모양은 모조리 떠나게 되니 빛과 소리 모든 경계 머물지 않고 머물지 않으니 물들지 않고 모든 중생 이익 되게 하는 보시를 행하지만 집착을 모두 떠나므로 모든 중생도 중생이 아닌 것이니 저 하늘의 저 달이 묵묵 감이라 서에서 동으로

---

*무상(無相): 육조 혜능의 주석(註釋)에 금강경은 무상을 능(能)으로 밀고 무주(無住)를 체(體)로 삼으며, 묘유(妙有)를 용(用)으로 삼는다는 얘기가 나오는데, 말인즉, 법에는 어떤 모양도 없다고 하는 무상이 근본이 되며(부정의 부정까지 들어가며 모든 것을 부정함), 색성향미촉법 육경은 물론 정신적인 법에도 머물 수도 없고 머물러서도 안 된다고 하는 무주가 수행의 축이 되며(이것 또한 부정의 멸제법(滅除法)이다.), 이러한 부정 가운데서 다시 존재를 인정하는 묘유를 들어 늦성의 삶으로 나아가게 하는 것이 경의 핵심내용이란 것이다. '일체의 존재를 보지 않는 것이 곧 부처를 보는 것'이란 사구게의 내용이나 '나타나 있지만 항상 머무르지 않는 가운데서 마음을 쓴다.'는 구절에서 그 활용을 알 수 있다.

*인욕바라밀(忍辱波羅密 santi paramita): 완성에 이르는 여섯 가지 수행

인 육바라밀의 하나. 갖가지 치욕을 받고도 능히 참아 마음을 움직이지 않는 수행으로 평안의 경지에 이르는 것을 말함. 경에서는 석가모니 부처님의 전생담으로 참된 인욕바라밀을 설명하고 있다.

길 모르는 사람에게

길 모르는 사람에게
앞산 가는 길 요리로 조리로
말로써 일러줄 수 있으나
손을 잡아끌든지 수레에 태우든지 해야지
말만으로는
앞산까지 데려다줄 수 없듯
말은 뜻의 보여 짐이지
뜻의 전부가 아니라서
말만으로는
울릉도도 독도도 아니고 지도에도 없는
깨달음의 땅 방향도 가늠 못하거늘
오늘 한 말도 아니고 어제 한 말도 아닌
끊으면 사라지고 마는
천년 다시 천 년 전의 말로써
진리의 본체를 어떻게 봅니까?
애당초 입 떼지 않으면 말은 없어
설령 말한다 하여도 말은 사라지기에
말은 실체가 없고

땅이 꺼지든 하늘이 무너지든
오고 가고 죽고 살고 흥하고 망하는
결정원리인 세계의 본성
그대로 있거니
세계의 본성이 곧 깨달음이라서
깨달음은 실체가 있는 것
하여 말로써 깨달음 이룬다면
실체 없는 원인으로 실체 있는 결과를
얻는 셈이니
이 또한 모순
그러므로 세존의 말씀으로
진여*를 깨침은 불가한 일 아닌지
길 모르는 사람에게
길을 열어주소서

---

*진여(眞如): '참'을 '참'이라 하여도 맞지 않고 '참'이 아니라 하여도 맞지 않아 '참과 같다'는 말로 '진여'라고 부르니 이 법은 생겨나지도 않고 없어지지도 않으며 고요하고 원만하여 분별상이 끊어진 경계를 일컬음이며, 분별상이 끊어졌다는 것은 일체 처에 있지 않은 곳이 없음을 말하므로 곧, 깨달은 진리의 세계를 가리킴.

그대로 믿고 행하라

앞마당에 황금덩이 묻어놓았다고
아버지가 죽어가며 유언으로 남겼다면
그 말이 참인지 거짓인지 따지기보다
먼저 앞마당을 파보지 않겠느냐
잘 새겨보아라
말을 말로써 알아들으면 말과 같아
여래의 말은 진실이 아니고
말을 말로써 알아듣지 않으면 말과 달라
여래의 말은 거짓이 아니거니
말을 말로써 알아듣는다는 것은
말이 전하는 뜻의 진위를 콩알 헤듯 가림이요
말을 말로써 알아듣지 않는다는 것은
말이 전하는 뜻을 따라 그대로 믿고 행동함이라
말을 참으로 여기면 참에 집착하여
참이라는 세계에 떨어지고
말을 거짓으로 여기면 거짓에 집착하여
거짓이라는 세계에 떨어져서
한 세계를 만들고

한 세계를 만듦은 도가 아니므로
여래의 말은 참도 거짓도 아닌 것
그러므로 그대로 믿고 행하라
모든 생명 본모습은 맑고 거룩함이요
모든 생명 복락은 뿌린 대로 거둠이며
한 생각 일지 않으면 그대로 드러나서
끝끝내 모든 생명 깨달아지리니
이것이 여래의 참된 말이고
실다운 말이고 여실한 말이며
하늘이 두 쪽 나도 다르지 않는 말이니라
보라
있는 그대로의 법이 여래라서
여래는 중생을 속이지 않나니
진실도 거짓도 아닌 이 말 믿지 않으면
 의사가 약 처방을 주었는데 환자가 약을 먹지 않음이
 의사의 허물이 아니듯이
여래가 길을 가르쳐 주었는데 중생이 그 길을 가지 않음 또한
 여래의 허물이 아니니라
 하니 말을 말로써 따져 말에 붙잡히지 말고
 그대로 믿고 행하라

깨·달·음

냇가에 돌멩이
하나 둘 셋……
무덤가에 개망초꽃
하나 둘 셋……
과부살이 반평생
울 엄니 한(恨)처럼
널브러져서 흐드러져서
참 헤이기 힘들지만
그보다 흔해빠져
예나 지금이나
없는 곳이 없어
지천에 깔린
깨
달
음
어째서
얻는 이도 있고
얻지 못하는 이도

있사옵니까?
한으로
남기지 말도록
풀어주소서

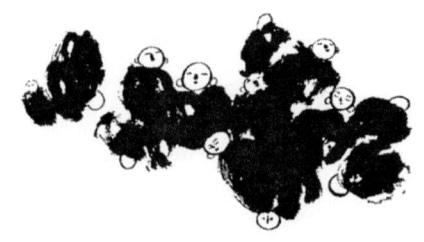

아이야, 문 닫지 마라

아이야, 문 닫지 마라
저기 허공 나는
꽃잎 좀 보자
봄날이 가기 전
눈 먼 사랑
마지막 춤사위
에헤야 덩실
떨어진다 떨어져
팔락팔락 나비사랑
여기 기웃 저기 기웃
낙화(落花)여 서러워 마라
죽는 것도 예쁘다

아이야, 문 닫지 마라
열면 보고
닫으면 못 보는
가는 봄날 장관이
가두지 마라 속삭인다

마음이 한 곳에 머물면
속박이고
머물지 않으면
해방이라고
속박은 어둠이고
해방은 밝음이라고
입 열지 않아도
에헤야 덩실 사방팔방
온몸이 허공놀이
황홀하지 않느냐

아이야, 문 닫지 마라
꽃잎 지고 봄날은 가도
세상은 늘 밝음인 걸
보는 자가 보는 것은
저를 열어둠이요
못 보는 자가 못 보는 것은
저를 닫아둠이라
사랑이 지나고 미움이 지나고
젊음이 가고 목숨이 가도
세상사 모두가 바람
바람이라며 적연부동(寂然不動)

깨달음은 움쭉도 않는 것을….

아이야, 문 닫지 마라

〈이상적멸분(離相寂滅分) 제 十四까지〉

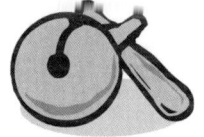

15. 경을 지니는 공덕

- 믿음은 엄마의 고구마
- 알 수 없고 셀 수 없고 가없는 공덕
- 철물점 아저씨

> 마음은 하늘이거니
> 사랑 하여라
> 마음은 바다이거니
> 용서 하여라
> 하늘과 바다가
> 서로 안으면
> 텅 빈 세상이
> 함박웃음 짓는다

付囑諸菩薩世尊善男子善女人發阿耨多羅三藐三菩提心應云何住云何降伏其心佛言善哉善哉須菩提如汝所說如來善護念諸菩薩善付囑諸菩薩汝今諦聽當為汝說善男子善女人發阿耨多羅三藐三菩提心應如是住如是降伏其心唯然世尊願樂欲聞佛告須菩提諸菩薩摩訶薩應如是降伏其心所有一切眾生之類若卵生若胎生若濕生若化生若有色若無色若有想若無想若非有想非無想我皆令入無餘涅槃而滅度之如是滅度無量無數無邊眾生實無眾生得滅度者何以故須菩提若菩薩有我相人相眾生相壽者相即非菩薩復次須菩提菩薩於法應無所住行於布施所謂不住色布施不住聲香味觸法布施須菩提菩薩應如是布施不住於相何以故若菩薩不住相布施其福德不可思量須菩提於意云何東方虛空可思量不不也世尊須菩提南西北方四維上下虛空可思量不不也世尊須菩提菩薩無住相布施福德亦復如是不可思量須菩提菩薩但應如所教住

須菩提於意云何若善男子善女人以三千大千世界碎為微塵於意云何是微塵眾寧為多不須菩提言甚多世尊何以故若是微塵眾實有者佛則不說是微塵眾所以者何佛說微塵眾則非微塵眾是名微塵眾世尊如來所說三千大千世界則非世界是名世界何以故若世界實有者則是一合相如來說一合相則非一合相是名一合相須菩提一合相者則是不可說但凡夫之人貪著其事須菩提若人言佛說我見人見眾生見壽者見須菩提於意云何是人解我所說義不不也世尊是人不解如來所說義何以故世尊說我見人見眾生見壽者見即非我見人見眾生見壽者見是名我見人見眾生見壽者見須菩提發阿耨多羅三藐三菩提心者於一切法應如是知如是見如是信解不生法相須菩提所言法相者如來說即非法相是名法相須菩提若有人以滿無量阿僧祇世界七寶持用布施若有善男子

믿음은 엄마의 고구마

 눈 녹은 물이 흘러내리면 겨우내 우리 식구 양식이 돼준 구덩이 속 고구마는 동나고 어쩌다가 흙속에 묻혀 살아남은 몇 낱도 군데군데 얼고 썩어 칼로 도려 내지 않으면 먹을 수 없을 때 안방 한쪽 구석에는 새끼줄로 아가리 동여맨 비료포대 속에 엄마의 고구마가 건재하였다. 참 배고픈 시절, 먹고 싶어도 그놈은 손댈 수 없다는 걸 막내인 나도 잘 알고 있었고(따신 봄날 땅 속에 심어 무성한 줄기를 뻗을 녀석이기에) 절대로 손대지 않았었지. 유월이 올 무렵 비오는 날에, 잎 하나씩 매난 줄기 기이에 잠겨 두 마지기 밭고랑 탄 두둑 위에 수두룩 심어지고 양분의 전부를 줄기에게 내준 엄마의 고구마는 쩍쩍 터지고 갈라져 못생겼지만 삶아져서 유월의 밥상 위에 올라 모락모락 김을 피워 올렸지. 입안에서 억센 심 골라가며 먹어야 하지만 세상의 그 어떤 고구마보다 맛있는 엄마의 종자고구마.

 오늘 부처님 말씀을 새기며 <믿음>이 엄마의 고구마를 꼭 닮은 걸 알아차리네. 부처님의 말씀이 그르다고만

하지 않아도 그 믿음의 공덕이 아침나절에 수많은 목숨을 보시하고 점심, 저녁나절에 각각 헬 수 없는 목숨을 보시하여 한량없는 세월 동안 그렇게 보시*한 공덕보다 훨씬 뛰어나다는 말씀이 엄마의 여남은 개 남짓한 고구마가 수많은 줄기를 내고 몇 가마니의 겨울양식을 내듯 믿음은 씨앗이 되고 씨앗은 자라 지혜의 줄기가 되고 지혜 줄기는 다시 깨달음의 열매를 맺으니 이 경을 믿고 지니면 얼마나 많은 생명이 부처 자리 오르겠는가. '믿음은 공덕의 어머니'* 라지만 오늘 나는 '믿음은 엄마의 고구마'라 부르고 싶네.

---

*보시(布施, dana): 물질적 또는 정신적으로 깨끗한 마음을 내어 법이나 재물을 아낌없이 남에게 베풀어 주는 일을 뜻하며, 이 경에서는 모양에 머무르지 않고 베푸는 무주상보시(無住相布施)를 통하여 수행의 완성에 이르는 보시바라밀에 대한 설명이 주를 이룬다. 불·법·승 삼보 전에 금전이나 물건을 공양하는 일을 뜻하는 말로도 쓴다.

*'믿음은 도의 근본이며 공덕의 어머니이다. 그러므로 믿음은 일체의 선법(善法)을 기르나니라.'에서 따온 말로 <화엄경 현수보살품>이 출처임.

알 수 없고 셀 수 없고 가없는 공덕

맑은 새소리 들으면
새소리에 물든 내가 장독대에 내려앉고
강 언덕 앉아 흐르는 강물 바라보면
강물에 몸담은 내가 강물 따라 흘러가고
솔바람 숲 속에 서면 쓔잇쓔잇 솔바람 소리
내 온몸 휘감아 숲을 누비며
그윽한 달밤 달님을 쳐다보면
나는 차가운 달빛 되어 구름 사이 오가며
절간에 풍경소리 가슴을 건드리면
난 보명 구석구서 돌며 잠든 영혼을 깨운다
존재면 존재 현상이면 현상
맞닥뜨리면 관여되지 않는 내가 없지만
나는 널 사랑하기에 나눠지지 않았고
너는 날 받아주기에 자기를 버렸다
나를 세우는 사랑은 사랑이 아니고
자길 버리지 않으면 화해가 없으므로
나는 너이고 너는 나이며
이런 너와 내가 수천 수억이 모여 세계가 되니

너와 내가 삼매*에 들면
이런 너와 내가 수천 수억이 모여 삼매에 들고
그 연고로 이 세계도 삼매에 든 것
그 세월이 천년만년도 아니고
과거·현재·미래세를 다 합친 세월이라서
세월은 세월이 아니고 그 이름이 세월인 것
이와 같이
사랑과 화해와 삼매가 이 세계이며
사랑과 화해와 삼매의 원인이 무상(無相)*이라
무상을 설한 것이 이 경이므로
이 경에는
알 수 없고 셀 수 없고 가없는 공덕이
있다고 하는 것이거니
이른바 사랑과 화해와 삼매가 일군 이 세계가
알 수 없는 공덕이요
수천 수억이 모여 알 수 없는 공덕을 누림이
셀 수 없는 공덕이며
과거·현재·미래세를 다 합친 세월 동안 그 공덕이
면면히 펼쳐짐이 가없는 공덕임이라
이 사실을 알기에 이 법문을 듣는 이는
만 존재와 더불어 사는 사람이며

모든 중생이 오직 부처임을 아는 사람이라
여래는 그를 위하여 이 경을 설하였나니

*삼매(三昧, samadh): 산란한 마음을 한곳에 모아 움직이지 않게 하며, 마음을 바르게 이 끼/에서 벗어나는 것으로 극도의 집중이 갖춰져 이것과 저것이라는 차별과 작용하고 작용을 받는 것이 아울러 없어신, 극 주객의 분별이 사라진 상태를 말한다.

그렇듯이 개개의 존재가 주객·상대의 관계를 초월하며 살아가는(번뇌라도 상관없는) 일이 곧 <화엄삼매>이며, 그 화엄삼매를 애초부터 둘러싸고 있는 이 세계가 삼세의 구분 없이 대선정(大禪定)에 들어 있으므로 그것이 잔잔한 바다에 만상이 드러남과 같다고 하여 <해인삼매>라 부른다.

부연하면, 개개의 존재는 세계에 의지하고 세계는 개개의 존재로 말미암아 세계가 되니 싸고 싸이는 관계 자체가 벌써 삼매인 것이다. 이 시가 말하고자 하는 주안점이라 할 수 있다. 삼매는 삼마지(三摩地)로도 음사하며, 정(定), 지(持), 일경성(一境性)등으로도 번역함.

*무상: 167쪽 '이상적멸분 제14' 「비움의 법칙」 주(註) 참조.

철물점 아저씨

노끈을 사러 철물점에 들렀다.
환한 미소로 맞이하는 철물점 아저씨
봉지에 노끈을 싸주며 느닷없이
"스님, 금강경이 와 그리 어렵습니꺼?"
하고 묻기에
"그래요. 뭐가 어렵습디까?"
되물었더니
"아무리 봐도 보시*하고 보리* 밖에는 알 수가 없데요. 딴 말은 매일 읽어도 도통 모르겠고 기억에도 없능기라요."
자못 진지한 눈빛에 나도 진지해져서 대답한다.
"거사님*, 보시하고 보리 그 둘만 알면 금강경 다 아는 겁니다."
내 말에 철물점 아저씨는 눈이 둥그레져서
"참말입니꺼?"
"참말이구말구요."
그랬더니
"하이고, 좋아라. 하이고, 좋아라."

말이 노래가 되더니 덩실덩실 춤까지 춘다.
나는 거짓말 하지 않았고
철물점 아저씨는 거꾸로 듣지 않았다.
어쩌면 철물점 아저씨가 거짓말 하지 않았고
내가 거꾸로 듣지 않았을 수 있다.
술은 김서방이 먹고 취하기는 박서방이 취하나니
따로 한 세계 세울 수 없는 사연.

꽃 속에 꽃씨 있고 꽃씨 속에 꽃이 있어
꽃과 꽃씨 돌고 돌며
삶 속에 열반* 있고 열반 속에 삶이 있어
삶과 열반 둘이 아니며
보시는 꽃이고 보리는 열매라서
부대끼고 고꾸라져도
더불어 사는 것이 깨달음의 삶
빛은 어둠에 의지하고 어둠은 빛에 기대어 눕고
곧은 것은 굽은 것을 알아 곧고
굽은 것은 곧은 것을 알아 굽어
모든 생명 서로 의탁해 사니 중생이 곧 부처
내가 세계를 알아차리면 세계도 나를 알아차리므로
이렇게 사는 사람 여래는 다 알고 다 보며
이런 사람 한량없는 공덕 누리며

여래의 축복을 능히 감당하나니
보시는 모르고 보리만 아는 사람
나와 남을 구분 짓고 나와 중생 따로 여겨
목숨 장단 매여 살아 한 세계를 만드니
이 경을 들어도 듣지 못하고 읽어도 알지 못하므로
남에게 일러줄 엄두조차 없네.
그러므로 다시 알라
이 경이 있는 곳이 부처님의 탑전*이라
하늘사람 세상사람 아수라들도
오른쪽으로 세 바퀴 돌아 공경예배하며
파랑 노랑 하양 빨강 꽃비*를 뿌리나니.

"스님, 고맙심더."
넙죽 절하는 철물점 아저씨 머리 위로
하얀 벚꽃 잎이 수북수북 내린다.

---

*보시: '지경공덕분' 제15「믿음은 엄마의 고구마」182쪽 참조
 *보리(菩提, bodhi): 불교 최고의 이상인 부처님 정각의 지혜로서 구도자가 번뇌를 잊고 불생불멸의 진리를 깨달아 얻는 불과(佛果). 이 불과를 구하여 불도를 행하려는 마음을 보리심(菩提心)이라 하며, 이 보리심을 지닌

이를 불자(佛子)라 칭한다. 도(道), 지(智), 각(覺)으로 번역함.
 *거사(居士, grhapati): 장자(長者), 가주(家主), 재가(在家)라고 번역함. 보통 출가하지 않고 집에 있으면서 불교에 귀의한 남자를 칭함. 또 재가의 남신도(우바새) 이름 아래에 붙이는 칭호로서 쓰이기도 함.
 *열반: '존중정교분 제12' 「가고 또 가노라면」 133쪽 참조.
 *탑전(塔殿, stupa): 불교의 교조인 석가세존이 열반한 후 그 육신은 곧 화장되었으며, 그 유골(불사리)은 여덟 나라에 나누어져서 안치되었는데, 그 불사리를 봉안한 둥근 무덤(圓境) 형태의 건축물로서 사원의 중심이자 불교도의 예배 대상이 된다. 불교가 중국, 우리나라 등지로 전래되면서 각 나라의 문화에 따라 탑의 형태도 달라졌다.
 *천우사화(天雨四華): 아주 거룩한 공양일 때에 하늘에서 청, 황, 적, 백 네 가지 꽃과 향을 흩는다 하니 이를 '천우사화'라 한다.

〈지경공덕분(持經功德分) 제 十五까지〉

16. 능히 업장을 맑히다

-. 아픔의 경로
-. 참으로 착하게 살아도
-. 불가사의라 할 뿐

> 어둠을 가림이 빛이라
> 등잔불은 촛불 앞에서 힘 잃고
> 촛불은 전깃불 앞에서 힘 잃고
> 전깃불은 햇빛 앞에서 힘 잃고
> 햇빛은 진리의 빛 앞에서 힘 잃나니
> 진리의 빛은 햇빛도 어쩌지 못하는
> 너의 어둠을 살라먹는다

爾時世尊。食時。著衣持鉢。入舍衛大城乞食。於其城中。次第乞已。還至本處。飯食訖。收衣鉢。洗足已。敷座而坐。時長老須菩提。在大眾中。即從座起。偏袒右肩。右膝著地。合掌恭敬。而白佛言。希有世尊。如來善護念諸菩薩。善付囑諸菩薩。世尊。善男子善女人。發阿耨多羅三藐三菩提心。應云何住。云何降伏其心。佛言。善哉善哉。須菩提。如汝所說。如來善護念諸菩薩。善付囑諸菩薩。汝今諦聽。當為汝說。善男子善女人。發阿耨多羅三藐三菩提心。應如是住。如是降伏其心。唯然世尊。願樂欲聞。佛告須菩提。諸菩薩摩訶薩。應如是降伏其心。所有一切眾生之類。若卵生。若胎生。若濕生。若化生。若有色。若無色。若有想。若無想。若非有想非無想。我皆令入無餘涅槃而滅度之。如是滅度無量無數無邊眾生。實無眾生得滅度者。何以故。須菩提。若菩薩有我相人相眾生相壽者相。即非菩薩。復次須菩提。菩薩於法。應無所住。行於布施。所謂不住色布施。不住聲香味觸法布施。須菩提。菩薩應如是布施。不住於相。何以故。若菩薩不住相布施。其福德不可思量。須菩提。於意云何。東方虛空可思量不。不也世尊。須菩提。南西北方四維上下虛空。可思量不。不也世尊。須菩提。菩薩無住相布施。福德亦復如是。不可思量。須菩提。菩薩但應如所教住。

須菩提。於意云何。可以身相見如來不。不也世尊。不可以身相得見如來。何以故。如來所說身相。即非身相。佛告須菩提。凡所有相。皆是虛妄。若見諸相非相。即見如來。

須菩提白佛言。世尊。頗有眾生。得聞如是言說章句。生實信不。佛告須菩提。莫作是說。如來滅後。後五百歲。有持戒修福者。於此章句。能生信心。以此為實。當知是人。不於一佛二佛三四五佛而種善根。已於無量千萬佛所種諸善根。聞是章句。乃至一念生淨信者。須菩提。如來悉知悉見。是諸眾生得如是無量福德。何以故。是諸眾生無復我相人相眾生相壽者相。無法相。亦無非法相。何以故。是諸眾生若心取相。則為著我人眾生壽者。若取法相。即著我人眾生壽者。何以故。若取非法相。即著我人眾生壽者。是故不應取法。不應取非法。以是義故。如來常說。汝等比丘。知我說法。如筏喻者。法尚應捨。何況非法。

須菩提。於意云何。如來得阿耨多羅三藐三菩提耶。如來有所說法耶。須菩提言。如我解佛所說義。無有定法名阿耨多羅三藐三菩提。亦無有定法如來可說。何以故。如來所說法。皆不可取。不可說。非法。非非法。所以者何。一切賢聖。皆以無為法而有差別。

須菩提。於意云何。若人滿三千大千世界七寶。以用布施。是人所得福德。寧為多不。須菩提言。甚多世尊。何以故。是福德。即非福德性。是故如來說福德多。若復有人。於此經中。受持乃至四句偈等。為他人說。其福勝彼。何以故。須菩提。一切諸佛。及諸佛阿耨多羅三藐三菩提法。皆從此經出。須菩提。所謂佛法者。即非佛法。

아픔의 경로(經路)

아침마다 동리마다 새마을노래 울리던 때
돼지를 길렀던 경식이네 집에서
돼지에게 푹 삶아 먹이기 위해
개구리 100마리를 십 원에 샀다
십 원이면 라면땅 과자 한 봉지 사 먹을 수 있는 돈
라면땅 한 봉지 먹기 위하여
진종일 들판을 돌며 나는 작대기로 개구리를 두드려 잡았다
줄에 꿴 개구리 100마리 10원에 넘기고 나면
기쁨에 앞서 왜지 모를 아픔의 덩어리가
찌르르 목 줄기를 타고 올랐고
그때마다 그 아픔 문질러 없애듯 열 번이고 스무 번이고
살생의 비린 손을 비누로 싹싹 씻어 내렸다
성식이네 돼지들은 나날이 살찌고 마리수도 불어났지만
아무도 내게 생명의 소중함을 일러주지 않았다
내가 죽인 개구리 숫자는 이루 헤아릴 수 없고

개구리로 번 돈은 라면땅 똥이 되고
무지(無知)의 두께는 애꿎은 비누만 닳아 없앴다
위기는 항상 기회를 동반하기에
성공은 개구리처럼 위기를 뛰어넘어야 되거늘
위기의 문턱에서 나는 늘 주저앉았다
천재란 소릴 듣고도 원하는 대학에 갈 수 없었고
똑똑하단 말만 들었지 원하는 인생을 살지 못했다
(누추했던 삶) 그것이
지난 세월의 죄업-개구리를 죽인 탓이란 걸
불전(佛前)에 피눈물을 쏟고 나서야 알았고
실패한 인생도 죄업의 갚음이며
갚음 뒤엔 반드시 또 다른 빛줄기가 다가옴을
꿋꿋한 믿음을 통하여 오늘 안다
나는 이제 부처님 말씀을 만나 악도*는 면하지만
부자가 된 경식이는 십 년 전
당뇨로 십 년 넘게 고생하다가
마흔 살 되던 날에 저 세상으로 갔다
오늘은 경식아,
너랑 같이 금강경을 외우고 싶구나

―――――――――
*악도(惡道): 세 가지 나쁜 윤회의 세계인 삼악도(三惡道)-고통의 세계인 지옥, 다툼의 세계인 축생, 배고픔의 세계인 아귀-를 말한다.

참으로 착하게 살아도

남의 눈에 눈물 내지 않고
번뇌의 마음을 내지 않고
인색한 마음을 내지 않고
화내는 마음을 내지 않고
게으른 마음을 내지 않고
모든 중생 이익 되게
참으로 착하게 살아도
현세든 내세든 복이야 누리지만
복으로는 보리를 얻을 수 없어
나와 남 모두가 진여*에 들게 하는
이 경 공덕에는
백분의 일, 천분의 일이 아니라
억만분의 일에도 미칠 수 없나니
이 경으로 말미암아
문자로 밀할 수 없으나
허망하지 않고 서로 다르지 않으며
때도 없고 물듦도 없으며
청정하고 미묘하여 최상이라 비길 데 없으며

모든 여래가 출현하시거나 말거나
움직이지 않고 부서지지 않는 법
누리게 되나니
한때 이루 셀 수 없이 많은 부처님을 섬긴
석가여래 공덕으로도
어떤 사람이 이 경을 받아 지니고
읽고 외워서 얻는 공덕에는
수만 가지 셈으로도 따를 수 없네
참으로 착하게 살아도
취하고 취할 바 대상을 여의기
힘든 것이 그 이유라네

---

*진여: '이상적멸분 제14'「길 모르는 사람에게」170쪽 참조.

불가사의*라 할 뿐

1찰나*는 70분의 1초
1찰나에 한 생각 일어
1초에 생각은 70가지
검증해 보면 사실이지만
도무지 스스로 다 알 수 없고
혹여 잘 살펴 1초에 한 생각
알아차린다 하여도
놓치는 생각은 69가지
하여 평생을 따져 아는 것보다
모르는 것이 수억만 배 많고
그 많음 속에는
때마다 밤마다 매순간마다
밥먹고 잠자고 숨쉬는 일 말고도
온갖 욕심 온갖 다툼 온갖 망상
빼곡 들어 있어
가지가지 사연 모두 펼쳐놓는다면
책으로도 이 땅을 메울 것이요
이야기로도 세월이 모자랄 게 빤한 것

평생의 범사(凡事)로도 그러한데
영원으로 이어지는 깨달음의 공덕을
죄다 불어 말할 것 같으면
듣는 자는 필시 미치고 말 것이며
믿으려고도 하지 않을 것이라
다만
쥐어지지도 보이지도 않지만
엄연히 모든 존재 바탕이 되어
모든 탄생 모든 죽음 받아들이고도
전혀 끄떡없는 모태(母胎)를 얘기한
이 경의 뜻도 값음도
불가사의라 할 뿐

---

*불가사의(不可思議): '가히 생각으로 그 뜻을 알 수 없다'는 의미로 불교에서 '무량대수(無量大數)' 다음으로 가장 큰 수 단위를 지칭하는 말이다.
 *찰나(刹那): 불교에서 말하는 가장 짧은 시간 단위로서 70분의 1초에 해당, 반대어로 '겁(劫)'이 있다.

〈능정업장분(能淨業障分) 제 十六까지〉

17. 마침내 나는 없다

-. 누가 머물고 누가 가나요?
-. 이미 다 갖추고 있으므로
-. 이 무슨 어그러진 소식인가?
-. 서진암엔 아무도 오지 않는다
-. 부처를 나투어 법을 열어
-. 지금 보이나니 보이느냐?
-. 깡그리 거룩한 밝음이라면
-. 우포늪 보밀

이룬 자여
내가 이루었다고 여기지 말라
만든 자여
내가 만들었다고 여기지 말라
티 안 난다뿐이지
원래 다 갖추고 있었음이니
<나>가 끼일 틈은 없다
오늘은 호박범벅이 참 맛있다

諸菩薩摩訶薩應如是降伏其心所有一切眾生之類若卵生若胎生若濕生若化生若有色若無色若有想若無想若非有想非無想我皆令入無餘涅槃而滅度之如是滅度無量無數無邊眾生實無眾生得滅度者何以故須菩提若菩薩有我相人相眾生相壽者相即非菩薩復次須菩提菩薩於法應無所住行於布施所謂不住色布施不住聲香味觸法布施須菩提菩薩應如是布施不住於相何以故若菩薩不住相布施其福德不可思量須菩提於意云何東方虛空可思量不不也世尊須菩提南西北方四維上下虛空可思量不不也世尊須菩提菩薩無住相布施福德亦復如是不可思量須菩提菩薩但應如所教住

佛言善哉善哉須菩提如汝所說如來善護念諸菩薩善付囑諸菩薩汝今諦聽當為汝說善男子善女人發阿耨多羅三藐三菩提心應云何住云何降伏其心唯然世尊願樂欲聞佛告須菩提諸菩薩摩訶薩應如是降伏其心

須菩提於意云何可以身相見如來不不也世尊不可以身相得見如來何以故如來所說身相即非身相佛告須菩提凡所有相皆是虛妄若見諸相非相則見如來

須菩提白佛言世尊頗有眾生得聞如是言說章句生實信不佛告須菩提莫作是說如來滅後後五百歲有持戒修福者於此章句能生信心以此為實當知是人不於一佛二佛三四五佛而種善根已於無量千萬佛所種諸善根聞是章句乃至一念生淨信者須菩提如來悉知悉見是諸眾生得如是無量福德何以故是諸眾生無復我相人相眾生相壽者相無法相亦無非法相何以故是諸眾生若心取相則為著我人眾生壽者若取法相即著我人眾生壽者何以故若取非法相即著我人眾生壽者是故不應取法不應取非法以是義故如來常說汝等比丘知我說法如筏喻者法尚應捨何況非法

須菩提於意云何如來得阿耨多羅三藐三菩提耶如來有所說法耶須菩提言如我解佛所說義無有定法名阿耨多羅三藐三菩提亦無有定法如來可說何以故如來所說法皆不可取不可說非法非非法所以者何一切賢聖皆以無為法而有差別

須菩提於意云何若人滿三千大千世界七寶以用布施是人所得福德寧為多不須菩提言甚多世尊何以故是福德即非福德性是故如來說福德多若復有人於此經中受持乃至四句偈等為他人說其福勝彼何以故須菩提一切諸佛及諸佛阿耨多羅三藐三菩提法皆從此經出須菩提所謂佛法者即非佛法

須菩提於意云何須陀洹能作是念我得須陀洹果不須菩提言不也世尊何以故須陀洹名為入流而無所入不入色聲香味觸法是名須陀洹須菩提於意云何斯陀含能作是念我得斯陀含果不須菩提言不也世尊何以故斯陀含名一往來而實無往來是名斯陀含須菩提於意云何阿那含能作是念我得阿那含果不須菩提言不也世尊何以故阿那含名為不來而實無不來是故名阿那含須菩提於意云何阿羅漢能作是念我得阿羅漢道不須菩提言不也世尊何以故實無有法名阿羅漢世尊若阿羅漢作是念我得阿羅漢道即為著我人眾生壽者

世尊佛說我得無諍三昧人中最為第一是第一離欲阿羅漢世尊我不作是念我是離欲阿羅漢世尊我若作是念我得阿羅漢道世尊則不說須菩提是樂阿蘭那行者以須菩提實無所行而名須菩提是樂阿蘭那行

佛告須菩提於意云何如來昔在然燈佛所於法有所得不世尊如來在然燈佛所於法實無所得須菩提於意云何菩薩莊嚴佛土不不也世尊何以故莊嚴佛土者即非莊嚴是名莊嚴是故須菩提諸菩薩摩訶薩應如是生清淨心不應住色生心不應住聲香味觸法生心應無所住而生其心須菩提譬如有人身如須彌山王於意云何是身為大不須菩提言甚大世尊何以故佛說非身是名大身

須菩提如恒河中所有沙數如是沙等恒河於意云何是諸恒河沙寧為多不須菩提言甚多世尊但諸恒河尚多無數何況其沙須菩提我今實言告汝若有善男子善女人以七寶滿爾所恒河沙數三千大千世界以用布施得福多不須菩提言甚多世尊佛告須菩提若善男子善女人於此經中乃至受持四句偈等為他人說而此福德勝前福德

復次須菩提隨說是經乃至四句偈等當知此處一切世間天人阿修羅皆應供養如佛塔廟何況有人盡能受持讀誦須菩提當知是人成就最上第一希有之法若是經典所在之處則為有佛若尊重弟子

爾時須菩提白佛言世尊當何名此經我等云何奉持佛告須菩提是經名為金剛般若波羅蜜以是名字汝當奉持所以者何須菩提佛說般若波羅蜜即非般若波羅蜜須菩提於意云何如來有所說法不須菩提白佛言世尊如來無所說須菩提於意云何三千大千世界所有微塵是為多不須菩提言甚多世尊須菩提諸微塵如來說非微塵是名微塵如來說世界非世界是名世界須菩提於意云何可以三十二相見如來不不也世尊不可以三十二相得見如來何以故如來說三十二相即是非相是名三十二相

須菩提若有善男子善女人以恒河沙等身命布施若復有人於此經中乃至受持四句偈等為他人說其福甚多爾時須菩提聞說是經深解義趣涕淚悲泣而白佛言希有世尊佛說如是甚深經典我從昔來所得慧眼未曾得聞如是之經世尊若復有人得聞是經信心清淨則生實相當知是人成就第一希有功德世尊是實相者則是非相是故如來說名實相世尊我今得聞如是經典信解受持不足為難若當來世後五百歲其有眾生得聞是經信解受持是人則為第一希有何以故此人無我相無人相無眾生相無壽者相所以者何我相即是非相人相眾生相壽者相即是非相何以故離一切諸相則名諸佛

누가 머물고 누가 가나요?

대구에서 서울까지
서울행 버스 출발 5분전
표는 끊어놓았지만
차에 오르지 않으면 가고자하는 서울
나는 갈 수 없습니다
손짓하지 않지만
아뇩다라삼먁삼보리* 손을 흔드는
저 언덕 넘어감도 마찬가지
<나>가 있고서는 저 언덕 넘을 수 없다고
세존께서 누누이 말씀하시지만
<나>가 없으면
저 언덕 넘기 위해
누가 머무르고 누가 닦으며
내가 한 일 남이 한 일 구분 짓는 생각
작정한 바 없이 불쑥 치솟는 때
누가 그 마음 항복 받습니까?
어찌어쩨하여 우여곡절 끝
모든 중생 제도하리란 넓은 마음에

모든 중생 끝까지 제도하리란 으뜸의 마음에
그 마음 중단 없는 항상의 마음에
항복 받은 마음에 다시 떨어지지 않는
뒤바뀌지 않는 마음에
끝없이 머무르고
끝없이 선물을 주고 또 주어
넘치는 마음 끝없이 항복 받아서
저 언덕 넘어간다 하여도
없는 〈나〉로서
아뇩다라삼먁삼보리 실로 있는(實在) 세계에
어찌 있을 수 있습니까?
누가 머물고 누가 가나요?
서울행 버스 타지도 않았는데
서울에 도착했다는 얘긴데
어떻게 설명 하시렵니까?
세존이시여, 자비 베푸시어
답을 해 주소서

---

*아뇩다라삼먁삼보리: '선현기청분 제2'「다타아가도」36쪽 참조

이미 다 갖추고 있으므로

두루 원만(圓滿)하여
이미 다 갖추고 있어
보리의 마음을 낼 게 없으므로
보리의 마음을 낸 바 없음이
보리의 마음을 낸 것이고
끝없이 선물을 주고 또 주어도
준 표시가 없는 이가 보살이라서
나와 남을 구분 짓고
나와 중생 따로 여겨
목숨 장단 매여 살면
보살은 보살이 아니므로
보살이 모든 중생을 건지고도
단 한 명의 중생도 건짐이 없어야
모든 중생을 건진 것
그러므로 보리의 마음을 내고
보살의 길을 가는 이는
맑고 밝은 본성을 헐뜯지 못하니
마땅히 공경함이 예(禮)요

어리석은 분별심을 날뛰게 하지 못하니
마땅히 굴복시킴이 배(拜)라
다만 예배하고 살면 된 것이지
새로운 무엇이 될 것이 없거늘
부처가 되겠다고 용을 쓰고 닦는다면
1000만년 동안 수행하여도
결코 부처 될 수 없지
하여, 아뇩다라삼먁삼보리의 마음을 낼 법이
없는 것이
아뇩다라삼먁삼보리의 법이 되고
언제 어느 곳이라도 보살에게는
<나>가 끼일 틈이 없는 것이지
이미 다 갖추고 있으므로
누가 머물고 누가 가는 지 묻는 것은
머리를 두고 머리를 찾는 것과
다를 바 무엇이냐
서울에 가겠다고 마음먹은 순간
바로 서울에 도착돼 있는 게
현상이 근본이고 근본이 현상인
이 법이므로
굳이 현상만을 들먹여
번거롭게 하지 마라

이 무슨 어그러진 소식인가?

얼씨구 씨구 씨구 돌아간다
절씨구 씨구 씨구 돌아간다

평소에는 아예 나타나지 않다가
동네 아무개집 잔칫날 되면
바람이 전하는 지 도깨비가 알리는 지
본거지도 모르는 각설이 패거리
귀신같이 알고 우르르 몰려와
잔칫집 바깥마당에 주안상 받아놓고
실세 믹고 쎄들고 노자까지 챙겨 쥐고
'작년에 왔던 각설이' 꽹과리 치며 사라졌다

먹을 건수 없으면 찾지 않는 각설이패처럼
아뇩다라삼먁삼보리 마음 낼 법이 없다면
보리의 마음을 낼 사람이 없을 게고
보리의 마음을 낼 사람이 없다면
보살이 없다는 말과 같은 것인데
연등불 시기에 보살로 지내며

수기*까지 받았던 세존의 인행(因行)은*
무엇이란 말인가?

잔칫날 용하게 아는 각설이패같이
따로 보리를 얻는 보살이 있단 건가?
따로 보살이 있을 수 없는 원칙
서 있거늘
이 무슨 어그러진 소식인가?

---

*수기(授記): 부처님이 보살이나 성문에게 이다음 세상 언제 어디서 무엇 무엇이라는 부처가 되어 어떠어떠한 교화를 펴리라고 예언하시는 일.
　*세존의 인행은: '장엄정토분 제10'「연등불이 주신 것은?」110쪽 참조. '장엄정토분 제 10'에서의 요지는 부처님께서 연등불에게서 얻은 법이 따로 없다는 것이고, 여기서의 요지는 부처님께서 연등불에게서 얻은 바가 없음으로써 진정한 보살이었다는 점을 이끌어내는 얘기이다.

서진암*엔 아무도 오지 않는다

서진암엔 아무도 오지 않는다
1년 내내 한 사람도 오지 않기에
아무도 오지 않는 그대로 두고 싶어
어느 산 어느 곳이라 밝히지 않지만
해발 1100 고지에 집채보다 큰 바위가
집채의 지붕을 비스듬히 덮고 있다
집 뒤 모퉁이 바위 아래엔 마르지도 넘치지도 않는
샘물이 수정보다 더 맑아
다람쥐가 와서 먹고 산새가 와서 먹고
나도 가서 먹는다
집채 속에는 내 방 한 칸 부엌방 한 칸
혹시 누가 올까 비워둔 객실 한 칸
빙 두르고
가운데 방이 한 자 금동불상 모셔둔 법당 방이다
말이 빙이지 모두 한 평 남짓 고만고만하다
아무도 오지 않으니 객실에는
오미자 구기자 산초열매 몸을 말리고
이놈 중이 예불을 하는지 밥을 해 먹는지

법당 방 금동부처님은 관심이 없다
나도 새벽예불은 하지만
금동불상이 아미타불인지 석가모니불인지
아니면 다른 부처님인지 아예 모른다
산신각도 있고 나한굴도 있지만
산신각엔 가끔 큰 구렁이가 비를 피하고
나한굴은 한참 떨어진 비탈에 있어
16분 조막만한 나한님들이 자기들끼리 잘 논다
나무도 하고 약초도 캐고 텃밭도 가꾸고
나도 내 나름 하루 종일 바쁘다
한 번은 캔 더덕이 넘쳐나 나눠먹자고
한 바랑 짊어지고 큰절에 갔더니
큰절 스님네들이 날더러
'스님 얼굴이 부처님처럼 금빛이 되었습니다'
하기에
'아, 그래요'하고 말았는데
지금 생각하니 연등불께 수기 받은 석가모니 부처님과
다를 바 없단 걸 아니
내가 큰절 스님들께 뭘 얻은 바가 없는 것처럼
석가모니 부처님도 연등불께 얻은 바가 없는 것이라

진정 얻은 바가 없어야 보살이고
얻을 바가 없는 것이 보리의 법인 것을 왜 모르랴
큰 바위는 큰 바위대로 집채는 집채대로
샘물은 샘물대로 다람쥐는 다람쥐대로
산새는 산새대로 나는 나대로
금동부처님은 금동부처님대로 나한님들은 나한님들대로
각각 따로 따로 노는 것 같지만
이 모두 모여서 서진암인 걸 또 왜 모르랴
전혀 표시 없지만
보살과 아뇩다라삼먁삼보리가 그러하지 않은가
봐라
서진암엔 아무도 오지 않는다

---

*서진암: 필자가 이 곳에 살았을 때가 20여년이 지났지만 의미 전달을 위해 현재 시점으로 처리한 것을 양해 바란다. 그 동안 이 암자가 어떻게 변했는지 알 수가 없다. 필자의 바람처럼 그저 그때 그대로이길 희망하여 위치를 밝히지 않음을 제현께서는 알아주시라. 앞에 「이 무슨 어그러진 소식인가?」의 의문에 대해 따로 보살이 있지 않으며, 얻은 바가 없어야 진정한 보살이란 것을 보여주기 위하여 이 소재를 선택하였다.

부처를 나투어 법을 열어

아무것도 없는 산꼭대기 올라
무얼 가져오는지 알 수 없지만
사람들은 오늘도 산을 오르고
아무것도 없는 법(法)의 산에도
무슨 영검 있는지 알 수 없지만
보살들 줄지어 오르고 또 오르는데
앞서 말씀하신대로라면
얻을 바가 없는 것이 보리의 법이고
얻을 바가 없는 것이 보리의 법이라면
아무것도 없는 것이 보리란 말이고
아무것도 없는 것이 보리라면
보리는 없다는 의미인 것
보리는 부처의 원인이 되니
부처의 원인인 보리가 없다면
부처가 없고
부처가 없다면
부처님이 말씀하신 진리의 법도 없을 것
아니옵니까?

법의 산 줄지어 오르는 보살들 위하여
지금 이 자리
부처를 나투어 법을 열어
부처도 법도 없을 거란 이 의문
부디 사그라지게 하소서

지금 보이나니 보이느냐?

비갠 오후 산등성이 피어난
일곱 색깔 무지개
금세 사라진다 하여도
때 맞으면 다시 나타나니
영영 사라진 것이 아니다

오늘 무지개 핀 아름다운 날처럼
언젠가 꽃이 허공에 뜬 그날*
얻은 법이 없음으로써
내가 '3천년 뒤 석가모니불이 되리라'는
연등불의 수기를 받은 까닭

여래라는 것은 늘지도 줄지도 않고
가지도 오지도 않는 진여라서
얻고 자시고 할 상대가 아니기 때문이다

무지개가 어디서 와서 나타난 게 아니고
무지개가 어디로 가서 사라진 게 아니며

다만
잘디잔 물 알갱이 빛을 만나 모습을 보이고
잘디잔 물 알갱이 빛을 못 만나 모습을 감추니
무지개는 있는 것도 없는 것도 아닌 것

보리라는 것도 얻을 수 있다 할 수도 있고
얻을 수 없다고 할 수도 있지만
있다고 하면 있는 것에 집착함이고
없다고 하면 없는 것에 집착함이라
집착은 여래의 머무는 바가 도통 아니므로
여래가 얻은 아뇩다라삼먁삼보리는
무실무허(無實無虛)
진실이 아니니 있는 것이 아니고
허망이 아니니 없는 것도 아닌 것

그러므로 온갖 법이 언제 어느 때
나타나건 사라지건
나타남과 사라짐이 못났건 잘났건
가림 없이 차별 없이 모두
그대로 진리이니라
허나 이 진리라는 것도 진리라 정하지 않으

므로
진리가 아니며
온갖 법이 나타나고 사라지니
진리 아닌 것도 아니라서
진리라고 하는 것이니

보리를 얻을 수 있거나 없거나
진여는 항상 존재하며
진여가 항상 존재하므로
여래도 항상 존재하는 법
산등성이 걸린 무지개
내 품에 안을 수 없지만 엄연히 존재하듯
참으로 얻을 수 없는 것이 보리의 정체라서
여래가 말한 진리의 법도
보일 수는 없어도 늘 그대로 있는 것
같은 말로
바다로 다 담을 수 없고 하늘로도 몽땅 덮을 수 없는
큰 몸뚱이 가진 사람

지금 보이나니 보이느냐?

햇살에 눈 아린 일곱 색깔 저 무지개
숲 짙은 산속으로 감쪽같이 숨는구나

*석가모니불의 본생담 '선혜선인'이었을 때 연등불전에 '구리선녀'와 함께 7송이의 꽃을 바쳤는데 왕족들이 바친 다른 꽃들은 전부 땅에 떨어졌지만 예의 7송이 꽃만은 허공에 떠 연등불 머리 위의 보배관이 되었던 일을 말함. 상세한 것은 '장엄정토분 제10'「연등불이 주신 것은?」110쪽 참조 바람.

깡그리 거룩한 밝음이라면

잡으려 해도 잡을 수 없는 무지개처럼
세존께서 부처의 본체를 빗대어
동떨어지게 큰몸이라 이르시지만
동떨어지게 큰몸은 실체가 없으므로
큰몸이라 하는 것은 큰몸이 아니옵고
진여는 얻을 수 없으면서 무지개처럼
없지는 않는 것이어서
큰몸이라 부르옵니다
마치 만상을 비춘 밝은 거울이
거울 속의 그림자가 오건 가건
춤을 추건 노래를 하건
끄떡없이 그대로 밝은 거울인 거와 같다는
말씀이시지요
또한 거울 속에 뚱뚱이 홀쭉이 난장이 꺽다리
무슨 그림자를 비추더라도
그림자의 바탕은 밝은 거울이라서
비춰진 모두가 그대로 진리라는 사실
천명하시고도

진리라 정한 바 없어 진리가 아니고
　모습을 나투니 진리 아님도 아니라는 말씀까지는
　알 수 있습니다만
　손대나 마나 있는 그대로
　더할 것 없고 덜 것도 없고
　얻을 것 없고 줄 것도 없는 법에 맞춰
　뚱뚱이 홀쭉이 난장이 꺽다리
　깡그리 거룩한 밝음이라면
　누구도 중생을 제도하거나
　국토를 장엄하지 못할 것 아니옵니까?
　한데 어찌 보살들은 발심하고 수행하며
　중생을 제도하여 열반에 들게 하고
　조화로운 진리의 나라 만들려 하는 것이옵니까?
　애쓰나 마나 어차피 얻을 수 없는 게
　보리의 법이라면
　남을 돕는 보살이 필요 없지 않겠냐는*
　뜻이옵니다

*수보리의 14번째 의문 '아뇩다라삼먁삼보리를 얻을 법이 없다면 아무도 불법을 닦을 수도 없을 것이요, 불도를 이룰 수도 없을 것이요, 중생들을 열반에 들게 할 수도 없을 것이요, 불국토를 장엄할 수도 없을 것이니 그 역할을 수행할 보살도 없을 것이 아닌가?' 하는 내용.

우포늪* 보살

우포늪을 바라보네
대대제방에 서서
광활한 태고의 신비를 보네
생명을 보네
애보기 하루만 해도 진이 다 빠질 텐데
한 아이도 아니고 두 아이도 아니고
수천수만의 아이 어른 할 것 없이
생명이란 생명 다 품에 안고
하루가 무어냐, 십년 백년도 명함 못 내민다
1억년 긴긴 세월 초연히
마름·부들·창포·갈대·가시연·물옥잠·개구리밥
물총새·휘파람새·왜가리·백로·박새·딱새
고동·물방개·소금쟁이·가물치·메기·잉어·붕어
이름으로는 일일이 다 말할 수 없어
통틀어 「생명」이라고만 불러도
그 부르는 가슴이 비좁아터지고

생명은 산 것이고 산 것은 움직이므로 그 설쳐댐이
복작복작 웅성웅성 휙휙 쌕쌕 수군수군 시끌벅적
참 성가시어 부대낄 법도 하건마는
기르고 거둠이 금 하나도 표시 없이
초연히 그리고 넉넉히
이 손 저 손 고이 드리워 살피고 보살피나니
어디 그 뿐이랴
제 아이도 제대로 못 돌보는 세상
베스·블루길·황소개구리·뉴트리아
길손까지 끌어안아 제 식구로 삼는
자비심—어찌 보살이 아니랴
그렇다고 언제 한번 쓰다 달다 하늘 향해
흙덩이 던진 적 없고
물이 불면 붓는 대로 졸면 조는 대로
언덕배미 살점 적셨다 말렸다 할 뿐
1억년을 하루같이 침묵하였네
이와 같이 모든 생명 기르고도
한 점 기른 티 없는 것처럼
만 중생을 제도하고도 제도한 바 없어야
보살인 것이고

사람이 '우포늪'이라 이름 붙여 '우포늪'인 것처럼
'보살'이라 이름 할 것도 없는 법
우포늪이 만 생명 길러 이 세계의 한 부분을 꾸미지만
만 생명으로 인해 세계가 꾸며져 보일뿐이지
우포늪이 세계를 꾸민 바가 있는 것이 아니라서
보살도 한량없는 중생 제도하여
조화로운 진리의 나라 꾸밀지라도
제도 받은 중생으로 인해 진리의 나라
꾸며져 보일 뿐이지
보살이 진리의 나라 꾸민 바 있는 게 아니라네
그러므로 세계를 장엄하고도 장엄한 바가 없어야
보살이고 나아가서는
<나>라는 것도 없고 <법>이라는 것도 없는 경지에
이르고 나서야 참 보살이라 할 수 있나니
얻을 법이 없으므로 보살도 없을 거란 의심
풀리지 않느냐
통달무아법자(通達無我法者)

우포늪이야말로 그렇지 않은가
오늘 대대제방에 서서
우포늪을 바라보며
입 열어 소리 내어 불러보나니
"아아, 우포늪 보살!"

---

　*우포늪: 경남 창녕군 이방면, 유어면에 걸쳐 있는 70만평 규모의 습지로서 '물새 서식지로서 특히 국제적으로 중요한 습지에 관한 협약'인 람사르협약에 의해 지정된 세계생태보호습지이다.
　이 시는 국토를 장엄할 보살이 없을 거란 수보리의 의심에 대한 답으로서 불국토를 장엄할 사람, 즉 보살이 있어야 되겠다는 집착에서 연유한 법문이다.
　참고로 앞의 '장엄정토분 제10' 「거울마음 본다면」에서는 '불국토를 장엄하는 것은 보살의 얻음이 아닌가?' 하는 6번째 의문에 대한 법문이므로 비슷해 보이지만 여기 「우포늪 보살」과 현격한 차이가 있음을 살펴야 한다.

<구경무아분(究竟無我分) 제 십칠까지>

18. 한 몸으로 같이 보다

- 아무런 차별 이루지 않으니
- 바우 엄마
- 마음의 행방

같은 달 같은 날에
지구의 이쪽은 여름이고
지구의 저쪽은 겨울이며
지구의 어느 쪽은 봄이고 가을이다
계절이 범벅인데
어느 날이 어제이고
어느 날이 오늘인가
깃발은 펄럭이지만
깃대는 움직임이 없다

時諸菩薩世尊善男子善女人發阿耨多羅三藐三菩提心應云何住云何降伏其心佛言善哉善哉須菩提如汝所說如來善護念諸菩薩善付囑諸菩薩汝今諦聽當為汝說善男子善女人發阿耨多羅三藐三菩提心應如是住如是降伏其心唯然世尊願樂欲聞佛告須菩提諸菩薩摩訶薩應如是降伏其心所有一切眾生之類若卵生若胎生若濕生若化生若有色若無色若有想若無想若非有想非無想我皆令入無餘涅槃而滅度之如是滅度無量無數無邊眾生實無眾生得滅度者何以故須菩提若菩薩有我相人相眾生相壽者相即非菩薩復次須菩提菩薩於法應無所住行於布施所謂不住色布施不住聲香味觸法布施須菩提菩薩應如是布施不住於相何以故若菩薩不住相布施其福德不可思量須菩提於意云何東方虛空可思量不不也世尊須菩提南西北方四維上下虛空可思量不不也世尊須菩提菩薩無住相布施福德亦復如是不可思量須菩提菩薩但應如所教住須菩提於意云何

……須菩提若善男子善女人以三千大千世界碎為微塵於意云何是微塵眾寧為多不須菩提言甚多世尊何以故若是微塵眾實有者佛則不說是微塵眾所以者何佛說微塵眾則非微塵眾是名微塵眾世尊如來所說三千大千世界則非世界是名世界何以故若世界實有者則是一合相如來說一合相則非一合相是名一合相須菩提一合相者則是不可說但凡夫之人貪著其事須菩提若人言佛說我見人見眾生見壽者見須菩提於意云何是人解我所說義不不也世尊是人不解如來所說義何以故世尊說我見人見眾生見壽者見即非我見人見眾生見壽者見是名我見人見眾生見壽者見須菩提發阿耨多羅三藐三菩提心者於一切法應如是知如是見如是信解不生法相須菩提所言法相者如來說即非法相是名法相

아무런 차별 이루지 않으니

'내가 중생을 제도 한다'거나
'내가 불국토를 장엄 한다'고 하면
보살이 아니란 말씀
요모조모 따져가 보니

참 보살은 중생을 제도하고도 제도한 바 없고
국토를 장엄하고도 장엄한 바 없어야 한다면
보살이 중생을 제도한 바 없으므로
제도된 중생이 없고
보살이 국토를 장엄한 바 없으므로
장엄된 국토가 없으며
제도된 중생이 없으므로 중생이 평등하고
장엄된 국토가 없으므로 국토가 평등하며
중생이 평등하므로 중생을 제도한 바 없는
보살과 중생이 평등하고
국토가 평등하므로 국토를 장엄한 바 없는
보살과 국토가 평등하다
평등하다는 것은 차별이 없다는 것

보살과 중생이 차별이 없으므로
보살이 장차 이룰 부처와 차별이 없고
보살과 국토가 차별이 없으므로
보살이 장차 머물 정토*와 차별이 없어
중생이 곧 부처이고 부처가 곧 중생이며
사바*가 곧 정토이고 정토가 곧 사바인 것
이와 같이
아무런 차별 이루지 않으니
부처와 중생이 둥글둥글 살아
중생이 법을 못 보듯이 부처 또한
법을 보지 못할 게 아닌가?
법을 보지 못하므로 부처님은
지혜의 눈이 없을 것이로다

이런 의심 가져 보옵니다

---

*정토(淨土): 부처님과 보살이 사는 아주 깨끗한 세상인 불국토. 부처님과 보살의 수가 많아짐에 따라 그 수효도 늘어난다고 함. 아미타불이 계시는 서방정토(西方淨土)도 그 하나임.
*사바(saha 娑婆): 우리 인간이 살아가는 국토를 말하며 '사바'는 범어로 '붙잡을 수 없는 비현실적인'이란 뜻을 지니며 문자적 의미는 '장미덤불 같은'으로 세상은 아름다운 꽃으로 가득하지만 그 꽃을 잡으려는 사람에게 고통을 준다는 뜻을 담고 있다. 번역어로 '참을만한 세상'이라 하여 '인토(忍土)'라 한다.

바우 엄마

직지사*에 가면
바우 엄마가 둘이 있다
한 사람은 땜빵보살이고
한 사람은 원주보살이다
절일 이곳저곳 부족한 손 다 채워서
땜빵보살이고
절 살림 모두 도맡아 살기에
원주보살이다
근데 수상한 것은-
분목하니든 공양주든 법당보살이든
직지사에서 좀 오래 산 사람이
두 사람에게 '바우 엄마'라 부르는 것에는
무심결 그냥 넘어가지만
땜빵보살이 원주보살에게
원주보살이 땜빵보살에게
서로 똑같이 '바우 엄마'라고 부르는 점이다
큰 엄마도 아니고 작은 엄마도 아니고
절에서 큰 엄마 작은 엄마 함께 살 리 만무

하고
둘이 똑같이 서로에게 '바우 엄마'라 부르니
진짜 '바우 엄마'는 누구며
'바우 엄마' 아닌 사람은 누구인가?
기실 열 달 배 앓아 바우를 낳은 사람은
땜빵보살이다
그러니 분명 땜빵보살이 '바우 엄마'이다
하지만 바우 어릴 적부터
땜빵보살이 바쁘면 원주보살이 바우를 거두고
원주보살이 바쁘면 땜빵보살이
짬짬이 번갈아 바우를 돌봤으니
둘 다 '바우 엄마'가 맞는 것도 같다
그래도 땜빵보살이 원주보살더러
'바우 엄마'라 부르는 것에 쉬이 수긍이 안가
사정 얘기를 들어본 즉
절에 식구들이 전부 원주보살더러
'바우 엄마'라 부르니
하도 귀에 익어 정작 '바우 엄마'인
땜빵보살 자신도 원주보살을 '바우 엄마'라
부르게 되었는데
세월이 근 십년 넘게 지나고 보니
이제는 귀에 익고 입에 익어 마음까지 익어

급기야 땜빵보살은 원주보살이 '바우 엄마'
아닌 것을
모르게 되었다 한다
아무리 그래도
땜빵보살이 진짜 '바우 엄마'인 것이 법이고
원주보살이 진짜 '바우 엄마' 아닌 것도 법이
라
새로 꼼꼼히 뜯어보면
보살이 법을 법이라 몰라 법을 본다하였듯이
원주보살이 진짜 '바우 엄마' 아닌 것을 모르
고
땜빵보살이 원주보살더러 '바우 엄마'라고
부름으로써
참으로 땜빵보살이 '바우 엄마'인 것이다
그렇지 않느냐
참으로 법을 보지 못함으로써
만법을 평등하게 보게 되며
만법을 평등하게 대우하게 되니
육안* 천안* 혜안* 법안* 갖가지 눈 너머
그것이 부처님의 바른 눈*임을 안다면
'부처님이 지혜의 눈이 없지 않을까?' 하는
의심

공연한 군걱정이 아니겠느냐?
다시 말하자면
무엇을 봄에 있어 오직 보는 것만 있을 뿐
보는 자나 보이는 것은 없고
무엇을 들음에 있어 오직 듣는 것만 있을 뿐
듣는 자나 들려지는 것은 없는 것이다

바우는 얼마 전 군에서 제대하였다고 한다

---

*직지사(直指寺): 경북 김천시 대항면 운수리 황악산에 자리한 대한불교 조계종 제 8교구 본사.
*육안(肉眼): 육체적인 눈으로 보통 사람의 눈과 같은 것.
*천안(天眼): 초인간적인 눈으로 가려진 것이나 아주 먼 세계를 꿰뚫어보는 눈.
*혜안(慧眼): 참된 지혜로써 진리를 분명히 밝혀보는 눈으로, 보살의 혜안은 <나>가 공한 원리인 아공(我空)과 <법>이 공한 원리인 법공(法空)의 일부를 안다고 함.
*법안(法眼): 참된 후득지(後得智)로써 중생교화에 능숙한 방편의 눈으로, 보살의 법안은 중생을 교화하되 지위마다 제도 못하는 중생이 약간 있다고 함.

*불안(佛眼): 불성(佛性)이 끝까지 원만해진 궁극의 눈으로 부처님만이 가지신 눈이다. 부처님의 불안은 위 네 가지 공능(功能)을 다 초월하였으니, 부처님의 육안과 천안은 무수한 세계를 환히 보며, 부처님의 혜안은 三空(아공·법공·구공)의 이치를 꿰뚫어보시고, 부처님의 법안은 모든 중생을 몽땅 제도하시니, 이 네 가지 공능을 종합하여 불안이라 한다. 곧, 모든 법이 실체로 있다고 할 개체가 존재하지 않는다는 사실을 알고 만법을 평등하게 바라보는 눈이야말로 진정한 부처님의 눈인 것이다.

마음의 행방

고령 <대가야 역사 체험관> 앞에는
인공 연못이 있다
연못의 한 쪽에는 분수가 하늘 향해 물을 뿜고
연못 한 가운데에는 밧줄에 몸이 묶인
작은 목선(木船) 한 척 떠 있다
배의 이물을 묶은 밧줄이 한 쪽 언덕에 매였고
고물을 묶은 밧줄이 반대편 언덕에 매여
아이들이 언덕에 서서 배를 당겨 보려하지만
약간 몸을 흔들 뿐 배는 한 뼘도 당겨지지 않는다
단단하고 팽팽한 밧줄은 배를 놔줄 기미가 없고
바라볼 수밖에 없는 배를 바라보며 나는
'저 배가 내 마음이라면 어떻게 올라탈까?' 하는
화두를 던져 본다
(마음을 알아야 올라탈 게 아닌가)
마음에 올라타 마음을 부릴 수 없다면
웃기도 하고 울기도 하고 성내기도 하면서
형편 따라 불쑥 솟는 마음의 노예로 사니
그런 인생 이만하면 됐으니 냅다 던지고

마음 찾아 길 떠난다
마음은 어디에 있는가*
몸속에 있다-틀렸다
몸속에 있다면 몸 속의 심장·창자·콩팥 등은
왜 보지 못하며
바깥 풍경은 어떻게 보는가
몸 밖에 있다-틀렸다
몸 밖에 있다면 자신의 얼굴을 볼 수 있어야 하는데
왜 보지 못하는가
눈 속에 있다-틀렸다
눈 속에 있다면 죽은 자의 눈은
왜 보지 못하는가
마음은 안에도, 밖에도 있지 않고
눈과 보는 사물의 중간에 있다-틀렸다
눈과 사물을 겸한 중간에 있다면
사물은 나의 마음이 될 수 없고
눈과 사물을 떠난 중간이라면 마음의 자리가 없게 되니
마음이 작용할 리 없다
그렇다면 안에도, 밖에도, 중간에도 있지 않고
오직 상대를 따라 나타날 뿐이다-틀렸다

상대를 따라 나타난다면 마음은 실체가 없단 말이니
실체가 없다면 외적 현상에 응할 수 없기에
이름만 있고 실로 없는 거북이털이다
아아, 이 미칠 노릇
마음은 몸 안에도, 몸 밖에도, 그 중간에도 없고
모든 것에 걸림이 없는 것이다-틀렸다
모든 것이란 허공을 날기도 하고, 물에서 헤엄치기도 하고
땅을 기어 다니기도 하는 생명체들을 이름이고
이 생명체들 이미 존재하기에 <걸림 없다>는 말 성립 되지 않는다
아무 것도 없다면 <걸림 없다>는 말 자체가 필요하지 않다
그렇듯이 형상이 없으면 무(無)요, 무가 아니면 곧 형상이라
모습 있다면 걸리는 것이니 <걸림 없다>는 말 모순이므로
걸림 없는 것이 마음이라 함도 맞지 않다
보아라
무슨 궁리 다 하더라도 마음은 찾을 수 없고
찾으려야 찾을 수 없는 것이 마음이라서

나타나는 마음은 결합(結合)*의 꽃이 되고
꽃은 피면 지듯이
뭉쳐진 것은 반드시 흩어져 죽으니
나타나는 마음은 허망한 것
하여, 여래는 한량없는 중생의 마음이 허망한 것을
다 알고, 다시 일러
찾을 수 없지만 마음은 실재하기에
허망한 그 마음은 마음이 아니며
버터가 우유는 아니지만 우유에 의해 버터가 된
것처럼
허망한 마음이 마음은 아니지만
찾을 수 없는 실재 마음에 의존하여 나타났기에
마음이라 이름 하나니라
왜 그런가?
버터 속에 우유의 성분은 있을지라도
버터가 우유가 아닌 버터로 우유의 실체가 없는
것처럼
허망한 마음 속에 마음의 요소 있을지라도
허망한 마음은
마음이 아닌 허망한 마음으로 마음의 실체가 없어
결단코 과거·현재·미래의 모든 마음 찾을 수 없다
아아, 끝끝내 실재 마음 찾을 수 없지만

섭섭하여 한 마디 덧붙여 본다면
마음이 나타남을 여실히 알면
마음이 없다는 견해가 없을 것이요
마음이 사라짐을 여실히 알면
마음이 있다는 견해가 없을 것이로다
아무렇든 고령 <대가야 역사 체험관> 연못 가운데 뜬 배
밧줄을 풀든지 물에 뛰어들든지 해야지
<내 마음> 가지고는 올라탈 수 없다는 사실
자명해졌다

---

*마음은 어디에 있는가: 이 구절 이후 33행까지 불교 초기경전인 <아함>에서, 석가모니부처님과 제자 아난과의 <마음에 관한 문답> 내용을 필자가 약술(略述)한 것임

*결합(結合): 12연기법에서 나타낸 무명(無明)으로 연유하여 일어나는 행(行;지음)을 말하며 마음은 본래 맑고 밝은 실재(불교의 목표인 명명의 세계)지만 지음으로 원인하여 결국 스러져서 허망을 낳게 된다는 것을 말하고 있다.

<일체동관분(一體同觀分) 제 十八까지>

19. 세상이 두루 교화되다

　-. 꽃처럼 향기처럼
　-. 시지프를 상상하며

> 물이 물을 씻어 강이 일한다
> 모래가 모래를 밀어 사막이 일한다
> 숲 짙고 새 울어 산이 일한다
> 어둠 깨고 날 밝아 해가 일한다
> 일하지만 전부
> 일하는 줄 모르고 일한다
> 일하는 줄 모르고 일하기에
> 모두 세상의 복덩이가 된다

嘗諸菩薩世尊善男子
佛言敬故須菩提阿耨
願樂欲聞善男子多羅
說胎生若佛告須菩提三藐
若聚而為善女人三菩
諸涅槃生色諸發提提
餘菩若滅相菩阿心心
以薩有度如薩耨應應
布有色之生多如云
希以施相若滅相羅是何
有故不眾無度無三降住
世若住生色無我藐伏云
尊菩相實若量相三其何
福薩布無無眾人菩心降
德不施量想生相提唯伏
不住其無若實眾心然其
可相福邊非無生應世心
思布德眾有滅相如尊佛
量施不生想度壽是樂言
須其可得若者者降聞善
菩福思減非何相伏當哉
提德量度無以即其為善
於亦須者想故非心諸哉
意復菩何非須菩所菩須
云如提以無菩薩有薩菩
何是菩故想提若一善提
東不薩須我若菩切付如
方可應菩應菩薩眾囑汝
虛思如提滅薩有生諸所
空量是菩度有我之菩說
可須布薩一我相類薩如
思菩施於切相人若汝來
量提不法眾人相卵今善
不於住應生相眾生諦護
不意於無已眾生若聽念
也云相所而生相胎當諸
世何何住無相壽生為菩
尊可以行有壽者若汝薩

非心人不須合佛說為如說
法者見也世相則不如微為塵
相是於世尊則非一來塵何眾
是名一尊如非一合若眾以若
名法切說來世合相有有故是
法相法如說界相人人則須微
相須應來一何如言言非菩塵
須菩如者合以來佛世眾提眾
菩提是見相故說說界眾若實
提若知人則若則三則者是有
若有如見非世非千非爾微者
有人是眾一界一大一何塵佛
人以見生合實合千合世眾即
發滿如見相有相世相尊實不
阿無是壽是者是界如佛有說
耨量信者名則名即來說者是
多阿解見一是一非說微即微
羅僧不須合一合世一塵非塵
三祇生菩相合相界合眾微眾
藐世法提須相但是相寧塵是
三界相言菩如凡名即為眾名
菩七須世提來夫三是多所微
提寶菩尊若說之千不不以塵
心持提是人義人大可須者眾
應用所人言何貪千說菩何所
如布言解佛以著世但提佛以
是施法我說故其界凡若說者
知若相所我若事則夫善微何
見有者說見人 之男塵如
如善如義人言 人子眾來
是男來不見   貪善則說
信子說   著女非微

꽃처럼 향기처럼

속살 부풀어 올라 고름 풀어
앞뜰에 작약꽃 피었습니다
뭉실뭉실 탐스러운 백작약입니다
손님맞이 꽤 급한 가
향기 소식 먼발치 제게 옵니다
저는 또 주책없이 벌 나비에 앞서
이리 실룩 저리 실룩 코 쿵쿵대며
시부저기 우윳빛 살결 탐해 봅니다
작약도 싫진 않은지 향기 낫게 더 뿜어
원초적 대물림의 본능 불끈 세우니
유혹하는 솜씨는 타고나는 모양입니다
그윽한 향 이 고운 빛깔
참 오래 가면 좋으련만
이 봉오리 저 봉오리
피고 지고 또 지고 피고
근 열흘 지나자 전부 지친 목숨
꽃잎 누레지더니 향기마저 숨지고
송이송이 오그라들어 꽃인 둥 만 둥

하릴없이 추한 얼굴 내보이고 맙니다
얼마나 허망합니까?
꽃이 마음이고 향기가 복덕이라면
끝끝내 꽃이 허망하듯 마음도 허망하고
향기 허망하듯 복덕도 허망하지요
꽃처럼 향기처럼
비교하지 않더라도 세존께서는
참으로 마음이 허망하다고
이르지 않으셨습니까?
고로, 꽃이 허망하여 따라 향기가
허망한 것처럼
마음이 허망한 연유로 보살이 쌓는 복덕도
허망하지 않겠습니까?
꽃처럼 향기처럼
보살이 중생 위하여 선물을 주고 또 주어
아무리 착한 일 많이 하여도
아무 소용없지 않겠냐는
논리이옵니다

시지프*를 상상하며

소똥벌레 잡아 소똥 굴리는 시합을 시키며
깔깔거리던 내가 있었다
운동회 때 큰 고무공을 굴리는 아이들을 응원하며
박수를 치던 내가 있었다
차츰 자라며 삐걱거리던 청춘과 내키지 않던 삶
가슴엔 온통 울음뿐인 좌절 속에서도
자살은 비겁이라며
성공의 희망을 버리지 않던 내가 있었다
그런저런 마음들이 본디 비었다는 부처님 말씀에
침 많이 놓았지만
인생에 성패가 어디 있겠나
주어진 배역에 충실하면 되겠다고 다짐하는
오늘 내 나이 쉰 살
산꼭대기 향해 끝없이 바위 밀어 올리는
시지프를 상상한다

결의에 찬 눈빛과 힘줄 선 굵은 팔뚝
거대한 돌의 무게에 버텨 승리의 걸음을 떼는 다리

힘차게 바위를 받쳐 올리는 믿음직한 두 손
흙먼지와 땀이 뒤범벅 된 육신이
가늠할 수 없는 긴 노력 끝에
산 정상에 바위를 밀어 올리면 순식간에
바위는 아래로 굴러 떨어지고
시지프는 다시 바위를 굴러 올리기 위해
굴러 떨어지는 바위 뒤를 따라 성큼성큼
산 아래 들판으로 걸어 내려간다
종말을 모르는 고통을 향한 전진
그 순간이 시지프에겐 거룩한 의식(意識)의 시간
이 되고
그 의식의 깊디깊은 통찰 속에서
성공에 대한 희망은 무참히 숨을 거두고
비참한 조건의 전모를 미리 앎으로써
운명에 대한 성실함이 봄풀처럼 자란다

그렇다
부처님이 마음을 인식(認識)함으로써
마음이 빈 사실을 아는 것처럼
산을 내리는 동안 시지프는 고통을 인식함으로써
고통이 비었다는 사실을 알고
고통은 도리어 그의 기쁨이 되어 성실함을 더

부추기는 것이다
보살이 쌓는 복덕도 마찬가지라
어떤 사람이 삼천대천세계에 가득한 칠보(七寶)로써
가난한 이를 위해 선물을 주고 또 주면서
복덕이 있을 거라 여기면 복덕이 아예 없으련만
복덕의 실체가 비었음을 알고 선물을 주기에
이 사람의 복덕이 많은 것이니
비유하면 얼음이 녹아 없던 물이 생긴 것과 같은 것

얼음을 녹이듯
시지프는 끝없이 바위를 굴러 올리고
보살은 끝없이 선물을 주고 또 주나니
허망을 알고 행해 집착이 없고
집착이 없으므로 허망함이 사라져
얼음 녹아 물이 생겨나듯 복덕 한량없나니
꽃이 피면 꽃이 핀 시간보다 더 많이
향기가 머물면 향기가 머무는 시간보다 더 많이
꽃 피고 향기 머무는 것이 이 세계의 짜임인 까닭
이다
그러하니 자살이 비겁한 짓 왜 아니랴
연꽃은 더러운 진흙 속에서 피어나나니
마음이 허망하다고 복덕도 허망할 것이란 의심

할 게 못 된다
성실함을 키워라
시지프를 상상하며

　　*시지프: 그리스 신화에 나오는 코린토스의 왕으로 신들을 기만한 죄로 커다란 바위를 산꼭대기로 밀어 올리는 벌을 받았는데, 그 바위는 정상에 다다르면 다시 아래로 굴러 떨어져 형벌은 끝없이 되풀이 되었다. 그럼에도 불구하고 시지프는 그 형벌을 능히 감당함으로써 실존철학의 거두 알베르 까뮈는 시지프를 (신을 이긴 인간으로서) 부조리 속의 창조적 인물형으로 다룬다.
　　필자가 '마음이 허망하므로 복덕도 허망한 것이 아닌가?' 하는 수보리의 16번째 의문에 대한 답으로써 이 소재를 선택한 까닭은 '사람을 짓누르는 진리는 인식됨으로써 소멸 된다'는 까뮈의 말처럼 마음이든 복덕이든 실체가 비었음을 앎으로써 참 마음을 알게 되고 참 복덕이 생겨난다는 뜻을 전하기 위함이다.

〈법계통화분(法界通化分) 제 十九까지〉

20. 색과 모양을 떠나다

- 무위법에 견주어
- 몸 없는 몸이

비고 또 비어 끝없이 비어
수천억 번뇌로 채운다 해도
비고 빈 것이 끝없으니
손오공이 구름 타고 천만리를 날아도
부처님 손바닥 안을 못 벗어나는 까닭

須菩提汝若作是念如來不以具足相故得阿耨多羅三藐三菩提須菩提莫作是念如來不以具足相故得阿耨多羅三藐三菩提須菩提汝若作是念發阿耨多羅三藐三菩提心者說諸法斷滅莫作是念何以故發阿耨多羅三藐三菩提心者於法不說斷滅相

須菩提若菩薩以滿恆河沙等世界七寶持用布施若復有人知一切法無我得成於忍此菩薩勝前菩薩所得功德何以故須菩提以諸菩薩不受福德故須菩提白佛言世尊云何菩薩不受福德須菩提菩薩所作福德不應貪著是故說不受福德

須菩提若有人言如來若來若去若坐若臥是人不解我所說義何以故如來者無所從來亦無所去故名如來

須菩提若善男子善女人以三千大千世界碎為微塵於意云何是微塵眾寧為多不甚多世尊何以故若是微塵眾實有者佛則不說是微塵眾所以者何佛說微塵眾則非微塵眾是名微塵眾世尊如來所說三千大千世界則非世界是名世界何以故若世界實有者則是一合相如來說一合相則非一合相是名一合相須菩提一合相者則是不可說但凡夫之人貪著其事

須菩提若人言佛說我見人見眾生見壽者見須菩提於意云何是人解我所說義不不也世尊是人不解如來所說義何以故世尊說我見人見眾生見壽者見即非我見人見眾生見壽者見是名我見人見眾生見壽者見須菩提發阿耨多羅三藐三菩提心者於一切法應如是知如是見如是信解不生法相須菩提所言法相者如來說即非法相是名法相

무위법(無爲法)에 견주어

먹구름이 지나건 흰구름이 지나건
끄떡없이 변함없는 허공처럼
허망하지 않고 서로 다르지 않으며
때(垢)도 없고 물듦도 없으며
늘거나 줄지도 않고
움직이지 않고 부서지지 않는 법
손대나마나 저절로 갖춰져 있어
이를 일러 '무위(無爲)'라 이름 하옵지요
무위의 법으로부터
성현(聖賢)도 나오고 부처도 나왔단 말*
앞서 하였지만 물론 맞는 말이지요
무위는 정해놓은 형상이 없고
형상을 정하지도 않기에
왕대밭에 왕대 나고 잔대밭에 잔대 나듯이
무위에서 나온 부처도
정한 형상이 없어야 마땅하겠지요
근데 어찌 세존께서는
여느 사람과 달리

뛰어난 서른두 가지 몸매(相)와
잘 생긴 여든 가지 살결(好)*
갖추고 있는 것인지요?
부처 나라 따로 세워 경계 깃발 꽂듯이
특별한 모양 정해 놓고서
그 모양 아니면 부처 아니란 것과
진배없으니
무위법에 견주어
터무니없는 이 정황을
어떻게 설명하련지요

---

*'무득무설분 제7' 「굳이 말로 하자면」 85쪽 주(註)에 있음.
*세계를 다스리는 왕인 전륜성왕과 각자(覺者)인 부처님에게만 나타나는 신체적 특성으로서 보통 사람보다 특수하게 뛰어난 32가지 몸매(32相)와 보통 사람 보다 좀 잘 생긴 80가지 신체적 부분(80種好)을 골라서 이르는 말, 이 두 가지를 합쳐 상호(相好)라고 한다. 이 시의 내용은 수보리가 법신(法身)을 색신(色身)으로 오인하여 '부처가 상호가 있을까?'하고 의심낸 것을 다룬 것으로서 27단의 17번째에 해당한다.

몸 없는 몸이

'오늘은 1000배를 해야지'하고
절을 찾은 한 여자가
법당 앞에서 친구를 만나 수다 떨다가
수다가 양이 안 차 친구 따라서
다시 절 밑 찻집으로 자리를 옮겨
종일 놀다 보니
아뿔싸, 1000배 다짐은 까맣게 잊었네
1000배가 수다로 변한 이 여자처럼
수보리야, 네 마음속에서
몸 없는 몸인 법신(法身)을 생각타가
저 여자가 친구를 만나듯이
몸 있는 몸인 색신(色身)을 만나니
법신이 색신으로 여겨져
색신을 목적으로 삼아 '부처가 상호가 있을까?'
의심하였으니
마치 하늘에 둥근달을 보라는데
달은 보지 않고 연못에 비친 달그림자를 보고
달을 봤다는 꼴과 같구나

처음 낸 네 생각처럼
부처의 본체는 본래 형상이 없어
모두 갖춘 살결*로써 여래를 볼 수 없고
모두 갖춘 몸매*로써도 여래를 볼 수 없다
모두 갖춘 살결이란 것은 본디 없기에
모두 갖춘 살결은 모두 갖춘 살결이 아니고
모두 갖춘 살결이 없는 것이 모두 갖춘 살결이라서
모두 갖춘 살결은 모두 갖춘 살결이며
모두 갖춘 몸매란 것도 본디 없기에
모두 갖춘 몸매는 모두 갖춘 몸매가 아니고
모두 갖춘 몸매가 없는 것이 모두 갖춘 몸매라서
모두 갖춘 몸매는 모두 갖춘 몸매인 것이다
그러므로 연못에 비친 달을 보고
참으로 달을 봤다 할 수 없듯이
모두 갖춘 살결이나 모두 갖춘 몸매로써는
여래를 볼 수 없다
몸 없는 몸이
여래의 참 몸이기에 그렇다

*모두 갖춘 살결: 앞글에서 설명한 80종호
*모두 갖춘 몸매: 앞글에서 설명한 32상

〈이색이상분(離色離相分) 제 二十까지〉

21. 말하여도 말함이 아님

- 어떻게 설법하나?
- 침묵을 얘기함

말로써 멀어지지만 말이 아니면
말없는 말을 어찌 전할까 여겨
한 마디 하려한다면 아서라!
빈 골짝 메아리라면 모를까
손짓 발짓 다 보탤망정 어림도 없다

菩薩世尊善男子善女人發阿耨多羅三藐三菩提心應云何住云何降伏其心佛言善哉善哉須菩提如汝所說如來善護念諸菩薩善付囑諸菩薩汝今諦聽當為汝說善男子善女人發阿耨多羅三藐三菩提心應如是住如是降伏其心唯然世尊願樂欲聞佛告須菩提諸菩薩摩訶薩應如是降伏其心所有一切眾生之類若卵生若胎生若濕生若化生若有色若無色若有想若無想若非有想非無想我皆令入無餘涅槃而滅度之如是滅度無量無數無邊眾生實無眾生得滅度者何以故須菩提若菩薩有我相人相眾生相壽者相即非菩薩復次須菩提菩薩於法應無所住行於布施所謂不住色布施不住聲香味觸法布施須菩提菩薩應如是布施不住於相何以故若菩薩不住相布施其福德不可思量須菩提於意云何東方虛空可思量不不也世尊須菩提南西北方四維上下虛空可思量不不也世尊須菩提菩薩無住相布施福德亦復如是不可思量須菩提菩薩但應如所教住須菩提於意云何可

為福德須菩提若有人言如來若來若去若坐若臥是人不解我所說義何以故如來者無所從來亦無所去故名如來須菩提若善男子善女人以三千大千世界碎為微塵於意云何是微塵眾寧為多不甚多世尊何以故若是微塵眾實有者佛則不說是微塵眾所以者何佛說微塵眾即非微塵眾是名微塵眾世尊如來所說三千大千世界則非世界是名世界何以故若世界實有者則是一合相如來說一合相則非一合相是名一合相須菩提一合相者即是不可說但凡夫之人貪著其事須菩提若人言佛說我見人見眾生見壽者見須菩提於意云何是人解我所說義不不也世尊是人不解如來所說義何以故世尊說我見人見眾生見壽者見即非我見人見眾生見壽者見是名我見人見眾生見壽者見須菩提發阿耨多羅三藐三菩提心者於一切法應如是知如是見如是信解不生法相須菩提所言法相者如來說即非法相是名法相須菩提若有人以滿無量阿僧祇世界七寶持用布施若有善男子

어떻게 설법하나?

없는 몸이 부처의 몸이라니
몸이 없으니
입도 없것다

"철수야! 영희야!"
소리로써 오라고도 하고
가라고도 하고

"딩기당 둥기둥 ♬♪ ♩♫"
소리로써 웃기기도 하고
울리기도 하고

"옴옴 훔훔"
소리로써 밝게도 만들고
어둡게도 만드는데

입이 없으면 음성이 없고
음성이 없으면

어떻게 설법하나?

침묵을 얘기함

말이 옥구슬처럼 돌돌 굴러도
고운 가락 음악이 더 듣기 좋고
아무리 아름다운 음악도
물소리 바람소리 빈 가슴 메우는
대자연의 소리보다 즐거움이 적고
대자연의 소리가 퍽이 황홀하여도
침묵의 평화를 따를 수 없다
모든 소리의 근원이 침묵이기에 그렇다
그 근원은 만질 수 없고 볼 수 없고
들을 수 없기에
침묵은 법신(法身)의 입이 된다
침묵은 말해져서는 안 되고
말해지는 것도 아니라서
침묵을 말하는 순간 침묵은 침묵이 아니게 되고
또한 법이 침묵이고 침묵이 법이라서
누구든지 법을 말하는 순간
법은 법이 아니게 되는 것이다
그러니 여래가 설법한 것은 법이 아니라서

'법을 설한 바가 있다'고 말할 수 없고
'법을 설한 바가 있다'고 말할 수 없으므로
누가 '여래가 설법한 바가 있다'고 하면
곧 여래를 비방하는 것이니
여래의 말뜻이 침묵인 줄 모르는 사람이다
다시 말하면
법을 말한다는 것은 말할만한 법이 없으므로
법을 말함이 없고 법을 말함이 없으므로
법을 말한다고 하는 것이다
그러하기에
법을 말하거나 말하는 음성으로는
끝끝내 여래를 만날 수 없고
몸 없는 몸이 설법한다는 것은
말없는 말이 여래의 참 말이란 말인 것이다
어려워 마라
너희는 어리석은 중생이 아니라
꼬바기 날 새더라도 기어코
이 말 알아들을 수 있는 거룩한 중생이니라

〈비설소설분(非說所說分) 제 二十一까지〉

22. 진리는 얻을 것이 없다

- 보살의 행로
- 사평산에서

> 인생 제 아무리 거창해도
> 결론은 한 자 -무(無)
> 인생 제 아무리 찌들어도
> 결론은 한 자 -무
> 알아도 -무 몰라도 -무
> 무라— 무라—
> 태평가로다

嚮諸菩薩世尊善男子善女人發阿耨多羅三藐三菩提心云何應住云何降伏其心唯然世尊願樂欲聞佛告須菩提諸菩薩摩訶薩應如是降伏其心所有一切眾生之類若卵生若胎生若濕生若化生若有色若無色若有想若無想若非有想非無想我皆令入無餘涅槃而滅度之如是滅度無量無數無邊眾生實無眾生得滅度者何以故須菩提若菩薩有我相人相眾生相壽者相即非菩薩復次須菩提菩薩於法應無所住行於布施所謂不住色布施不住聲香味觸法布施須菩提菩薩應如是布施不住於相何以故若菩薩不住相布施其福德不可思量須菩提於意云何東方虛空可思量不不也世尊須菩提南西北方四維上下虛空可思量不不也世尊須菩提菩薩無住相布施福德亦復如是不可思量須菩提菩薩但應如所教住

不受福德須菩提若有人言如來若來若去若坐若臥是人不解我所說義何以故如來者無所從來亦無所去故名如來須菩提若善男子善女人以三千大千世界碎為微塵於意云何是微塵眾寧為多不甚多世尊何以故若是微塵眾實有者佛則不說是微塵眾所以者何佛說微塵眾則非微塵眾是名微塵眾世尊如來所說三千大千世界則非世界是名世界何以故若世界實有者則是一合相如來說一合相則非一合相是名一合相須菩提一合相者則是不可說但凡夫之人貪著其事須菩提若人言佛說我見人見眾生見壽者見須菩提於意云何是人解我所說義不不也世尊是人不解如來所說義何以故世尊說我見人見眾生見壽者見即非我見人見眾生見壽者見是名我見人見眾生見壽者見須菩提發阿耨多羅三藐三菩提心者於一切法應如是知如是見如是信解不生法相須菩提所言法相者如來說即非法相是名法相須菩提若有人

보살의 행로
－출가기(出家記)

약수암* 가는 길에 산막을 얻어 살며
하루에 점심 한 끼 동화사*에서 얻어먹었다
배고픔보다 진리가 더 고팠던 스무 세살
세상 흔들어 깨울 이데아에 골몰하여
주야장천 방에 처박혀 머리를 싸매어도
나를 깨울 생각은 할 줄 몰랐다
동화사 끼니 신세 두어 달 지나자
총무소임 보던 도운스님은 나만 보면
'여우새끼 될래? 호랑이새끼 될래?'하며
출가를 권했다
출가생각 통 안 한 건 아니지만
불교에 대해 내가 아는 바는
'우리는 만날 때에 떠날 것을 염려하는 것 같이
떠날 때에 다시 만날 것을 믿습니다'라는
한용운*님의 시가 전부라서, 출가가
세상 깨우겠다는 내 꿈과 합일이 될지 말지 몰라
선뜻 결단을 내릴 수 없었다
그러던 어느 날 점심 먹은 뒤

'직지인심(直指人心)이야!'하는 도운스님 사자후가
칼날로 날아와 내 가슴을 베었고
<네 마음을 봐!>
그 칼날 붙들고 몇 시간을 끙끙대다가
'끙끙대는 나'를 봐 버렸고, 그 순간
세상은 세상이 아니고 내가 세상이 되어
내가 잠깨지 않으면 세상도
잠깨지 않는다는 사실을 알게 되었다
그날 밤 9시, 나는 아무런 주저 없이
도운스님 방문 두드려 속전속결
때 뭉친 머리카락 모두 잘랐다
(얼마나 시원하고 시원했던지)
행자실에서 부처님과 만난 환희의 첫날밤을 보내고
세월 지나 계*를 받고 수행하며 지금껏 살아오면서
단 한 시도 부처님 흠모하는 맘 버린 적 없고
분별심을 버려 욕심을 버려 맑게 살아
모든 존재와 더불어 살려 애쓰지 않은 적 없고
모든 중생이 부처님의 거룩한 법 속에서 살며
만족 얻기를 바라지 않은 적 없다
보살의 행로도 이와 같이
샘물이 속속까지 맑은 것 같이
부처님 향한 믿음과 사랑이 맑고 밝아 만족을 이

루고
 만족은 다시 신뢰를 낳고 신뢰는 다시
 닦고 배우고 이해함이 되며 닦고 배우고 이해함은 다시
 끝없이 부처님을 흠모케 하고
 끝없이 부처님을 흠모함은 다시 선정*을 이루며
 선정은 지혜*를 낳고 지혜는 다시 자비심*을 불러
 만 중생과 더불어 사는 부처의 삶을 만들어 내거늘
 세존께선 어찌하여 끝내 얻을 법이 없다 하시는지요
 얻을 법이 없다면* 보살이 닦고 증득하는 것은 법이 아니고 무엇입니까?

---

 *약수암(藥水庵): 동화사의 산내 암자로서 거의 폐사 지경에 이르렀으나 최근 복원불사 중에 있음.
 *동화사(桐華寺): 대구시 동구 도학동 팔공산에 자리한 대한불교조계종 제9교구 본사.

*한용운(1879~1944): 스님이자 시인이며 법명은 만해(卍海), 3.1운동 민족 대표 33인 중의 한사람. 위 인용문은 대표작 '님의 침묵'중 일부.

*계(戒,sila): 행위, 습관, 도덕의 뜻으로서 행동과 언어에서 악(惡)을 짓지 않고 방지하기 위해 좋은 습관을 지니는 것을 '계를 받는다.'고 함.

*선정(禪定): 마음을 한 곳에 모아 고요한 경지에 드는 일. 진정한 이치를 사유(思惟)하고 생각을 고요히 하여 산란치 않게 하는 수행방법, 6바라밀의 하나이다.

*지혜(智慧): 일체의 법에 통달하여 득실(得失)및 사정(邪正)을 분별하는 마음의 작용. 지·혜 두 글자를 특히 구별해 쓸 때에는 '지'는 해료(解了), '혜'는 조견(照見)의 뜻임.

*자비심(慈悲心): 남에게 기쁨을 주고 고통을 덜어주려는 부처님이나 보살의 마음으로서 모든 중생을 크게 사랑하고 크게 가엾게 여기는 마음을 말함.

*'얻을 법이 없다'는 이유로 내세우는 의심이 이 경 전체에서 총 네 차례 나오는데, '보리를 얻을 수 없다'는 동기는 같지만 의심의 내용은 모두 다르다. 첫째, '무득무설분 제7'「깨달은 자는 머물러도 되는가?」에서는 석가여래께서 과위를 얻은 것이 있으리란 의문이고, 둘째, '구경무아분 제17'「이 무슨 어그러진 소식인가?」에서는 석가모니의 전생인 선혜선인이 연등부처님께 수기를 이룬 바가 있으리란 의문이고, 셋째, '구경무아분 제17'「부처를 나투어 법을 열어」에선 법도 없고 부처도 없으리란 의문에 의한 것이며, 넷째, 여기 「보살의 행로」에서는 닦을 것도 있고 증득할 것도 있으리란 의문에 대한 것임을 구별해야 한다.

사평산(沙平山)에서

둑 위에 앉아 둑 아래 사평산을 내려다본다
나무 한 그루 없어도 봉우리는 수백 봉우리
그게 무슨 산이냐고?
사평산은 우리 동네 공동묘지에 내가 붙인 이름이다
가만히 살펴보면
차가운 강물이 따신 햇살 만나 내쉰 바람이
십 리 백사장 한 바퀴 홱 휘돈 다음
모래먼지 잔뜩 물고 들판 가로질러 가뿐히 둑을 넘어
죽은 자의 넋을 위로하는 건지 아니면
죽은 자의 말을 대신하는 건지 쑤아쑤아 음산한 소리를 내며
수백 기 무덤 봉오리 어루만지고선
도랑 건너 마을을 향한다
우리 동네 처자들은 모래 서 말 먹어야 시집을 간다는데
여기 이미 죽은 자들 이 동네 평생 살며
먹은 모래 얼마나 많을 건가?

살아서도 넘치는데 죽어서도 모래에 몸을 묻으니
사평산은 우습기도 하련마는 말이 없고
내가 아는 죽음만 떠올려도 참 많다
월남전 다녀와 술만 먹다 죽은 태규 형이 묻히고
문경 탄광촌에 일하다가 고향에 오자 자살한
내 고종사촌 형이 묻히고
어느 겨울 짚동 속에서 얼어 죽은 이름 모를 거지가 묻히고
들은 거지만, 지난 세월 낙동강 전선에서
피 흘린 병사들도 묻히고…….
밭뙈기 하나라도 있으면 웬만해선 여기
모래밭에 묻으려 하지 않지만
이 세상엔 힘없고 돈없고 빽없는 자가 더 많은 지
옛날 상여집이 있던 자리마저 무덤이 들어찼으니
지금 사평산의 모래 땅뙈기는 품절이다
여기 묻힌 이 사람들이 어디 못나빠져 여기에 묻혔나?
그들 나름 모두 참 열심히 살았을 게다
슬픔도 견디고 고통도 넘고-분명 그랬을 게다
하지만 누구도 명확하게 산 흔적은 없고
봉긋한 무덤 하나 죽은 흔적만 있다
이처럼 평생 살아도 조그마한 법마저 얻은 게 없

는데
 아아, 바람, 바람, 바람….
 보살이 얻는 과위(果位) 말해 뭣해!
 얻은 바가 있다면 모두 망상이니
 아뇩다라삼먁삼보리의 법이 조그마한 법이라도
 얻은 게 없는 것이 아뇩다라삼먁삼보리의 법인 것이다
 거기에 뼈를 묻어라
 이제 잘나빠져도 죽어 사평산에 오지 못한다

〈무법가득분(無法可得分) 제 二十二까지〉

23. 깨끗한 마음으로 선을 행하라

- 사막을 건너는 법
- 금옥이 보살

> 백두산 봉우리든 한라산 봉우리든
> 히말라야 봉우리든 올라가 봐라
> 아무것 하나라도 가져올 게 있나?
> 있으나마나 그건 대수 아니라며
> 시방 사람들은 산을 오른다
> 아무렴, 올라야 한다

誦菩薩。世尊。善男子善女人。發阿耨多羅三藐三菩提心。云何應住。云何降伏其心。佛言。善哉善哉。須菩提。如汝所說。如來善護念諸菩薩。善付囑諸菩薩。汝今諦聽。當為汝說。善男子善女人。發阿耨多羅三藐三菩提心。應如是住。如是降伏其心。唯然。世尊。願樂欲聞。佛告須菩提。諸菩薩摩訶薩。應如是降伏其心。所有一切眾生之類。若卵生若胎生若濕生若化生。若有色若無色。若有想若無想。若非有想非無想。我皆令入無餘涅槃而滅度之。如是滅度無量無數無邊眾生。實無眾生得滅度者。何以故。須菩提。若菩薩有我相人相眾生相壽者相。即非菩薩。復次須菩提。菩薩於法應無所住。行於布施。所謂不住色布施。不住聲香味觸法布施。須菩提。菩薩應如是布施。不住於相。何以故。若菩薩不住相布施。其福德不可思量。須菩提。於意云何。東方虛空可思量不。不也。世尊。須菩提。南西北方四維上下虛空可思量不。不也。世尊。須菩提。菩薩無住相布施。福德亦復如是不可思量。須菩提。菩薩但應如所教住。

須菩提。於意云何。可以身相見如來不。不也。世尊。不可以身相得見如來。何以故。如來所說身相。即非身相。佛告須菩提。凡所有相。皆是虛妄。若見諸相非相。即見如來。

須菩提白佛言。世尊。頗有眾生得聞如是言說章句。生實信不。佛告須菩提。莫作是說。如來滅後。後五百歲。有持戒修福者。於此章句。能生信心。以此為實。當知是人。不於一佛二佛三四五佛而種善根。已於無量千萬佛所。種諸善根。聞是章句。乃至一念生淨信者。須菩提。如來悉知悉見。是諸眾生。得如是無量福德。何以故。是諸眾生。無復我相人相眾生相壽者相。無法相。亦無非法相。何以故。是諸眾生。若心取相。則為著我人眾生壽者。若取法相。即著我人眾生壽者。何以故。若取非法相。即著我人眾生壽者。是故不應取法。不應取非法。以是義故。如來常說。汝等比丘。知我說法。如筏喻者。法尚應捨。何況非法。

須菩提。於意云何。如來得阿耨多羅三藐三菩提耶。如來有所說法耶。須菩提言。如我解佛所說義。無有定法名阿耨多羅三藐三菩提。亦無有定法如來可說。何以故。如來所說法。皆不可取。不可說。非法非非法。所以者何。一切賢聖。皆以無為法。而有差別。

須菩提。於意云何。若人滿三千大千世界七寶。以用布施。是人所得福德。寧為多不。須菩提言。甚多。世尊。何以故。是福德。即非福德性。是故如來說福德多。若復有人。於此經中。受持乃至四句偈等。為他人說。其福勝彼。何以故。須菩提。一切諸佛。及諸佛阿耨多羅三藐三菩提法。皆從此經出。須菩提。所謂佛法者。即非佛法。

須菩提。於意云何。三千大千世界所有微塵。是為多不。須菩提言。甚多。世尊。須菩提。諸微塵。如來說非微塵。是名微塵。如來說世界。非世界。是名世界。須菩提。於意云何。可以三十二相見如來不。不也。世尊。不可以三十二相得見如來。何以故。如來說三十二相。即是非相。是名三十二相。須菩提。若有善男子善女人。以恒河沙等身命布施。若復有人。於此經中。乃至受持四句偈等。為他人說。其福甚多。

若復有人。於此經中。受持讀誦。乃至四句偈等。為他人說。而此福德。勝前福德。

須菩提。如來說。三千大千世界。所有微塵。是為多不。須菩提言。甚多。世尊。何以故。若是微塵眾實有者。佛則不說是微塵眾。所以者何。佛說微塵眾。則非微塵眾。是名微塵眾。世尊。如來所說三千大千世界。則非世界。是名世界。何以故。若世界實有者。則是一合相。如來說。一合相則非一合相。是名一合相。須菩提。一合相者。則是不可說。但凡夫之人。貪著其事。

須菩提。若人言。佛說我見人見眾生見壽者見。須菩提。於意云何。是人解我所說義不。不也。世尊。是人不解如來所說義。何以故。世尊說。我見人見眾生見壽者見。即非我見人見眾生見壽者見。是名我見人見眾生見壽者見。須菩提。發阿耨多羅三藐三菩提心者。於一切法。應如是知。如是見。如是信解。不生法相。須菩提。所言法相者。如來說即非法相。是名法相。

사막을 건너는 법

내 앞에 한 여자가 울고 있다
'너무 힘들다'며
사흘이 멀다 하고 술꾼 남편 밤늦게 돌아와
자는 애들 깨워 훈계하고 벌세우고
폭언은 예사 폭행까지 일삼으며
그도 모자라 집에 물건 다 때려 부순다 한다
빌어도 보고 대들어도 보고 달래고도 보고
약도 먹이고 굿도 하고 남들이 해보라는
온갖 짓 다해 봤지만
아무 효험 없었다고 한다
이제는 지칠 대로 지쳐 당장이라도
애들하고 보따리 싸서 집 나오는 것 외엔
방도가 없다고 생각을 자른다
남편 향한 애정이 증오로 바뀐 지는 오래
가슴이 타서 숯덩이 된다 하더라만
이 여자의 처지를 들으니
사막도 이런 사막은 없지 싶다
내게 있는 눈물이라도 뿌려 적셔주고 싶어

'불쌍한 사람은 당신이 아니고 당신 남편입니다'
우는 여자 달래며
'마지막으로 한 달 동안만 내가 시키는 대로 해보고 그 다음엔 집을
나오든지 이혼소송을 하든지 마음대로 하라'고 하자
그렇게 하겠다고 한다
하여 방법을 일러준 즉
폭풍우가 몰아치든지 땅이 꺼지든지 간에
바깥에 절대 마음 뺏기지 말고 하루 24시간 오직
<나는 평화 속에 있는 사람이다>
이 말만 염(念)하도록 단단히 훈련시켰다
그러고 간 뒤, ―스무 날이나 지났을까
여자가 다시 왔는데 얼굴이 화색(和色)이다
'스님 덕분에 평화를 찾았습니다'
하는 말 속에 벌써 평화의 온기가 묻어나왔다
덧붙여 남편이 완전히 나아진 건 아니지만
전 보다 썩 좋아졌고 무엇보다도
'남편의 나쁜 습관' 받아들일 힘이 생겼고
'곧 고쳐질 것' 의심치 않는다고 전한다
여자는 내가 시키는 대로 잘 행하였음이 틀림없다
난 알고 있었다

여자가 평화 속에 들어 평화로워진 게 아니고
원래 평화 속에 있던 존재였다는 것을
그러니 누구라도 괴로워 마라
잠시 오염돼 있을 뿐이므로….
이처럼 아뇩다라삼먁삼보리의 법은
소리도 없고 보임도 없고 손짓도 없어
아무런 상(相)이 없지만
항상 열려 있어 누구에게나 평등한 법인 것이니
'두드리면 열리고 구하면 얻는다'는 말이
그 말인 것이다
낙타 한 마리 없고 물 한 통 없어도
사막을 건너는 법은 의외로 쉽다

금옥이 보살

돌보지 않으면 버림받는 사람
부모 없는 아이나 정신지체장애아
이미 한번 버림받고 상처가 깊은 사람
그런 사람 데려다 씻기고 입히고 먹여
다시는 세상에서 버림받지 않도록
입품 팔고 발품 팔아 새 둥지 만들어놨더니
거기 뭐 먹을 게 있다고 이 놈 저 놈
서로 주인 되겠다고 바득바득 깐작거리니
정작 일 시작한 금옥이 보살
설 곳을 잃었다
그저 이 일이 천직이려니 하여
무던히 일만 해온 터라
계산 앞세운 사람과는 체질이 안 맞아
눈물을 쏟아도 튕겨져 나올 수밖에 없는
신세가 되었던 것
사람이 무슨 뻐꾸기 새도 아니고
둥지 만들어놓으면 딴 놈이 들어앉고
또 딴 놈이 들어앉고

그 일 한 번도 아니고 두 번씩이나 당하고 보니
버림받는 사람이 있거나말거나
이제 내 입에 풀칠이나 하고 살자며
작은 식당 하나 차렸는데
밥집을 하다 보니
배고픈 사람들만 눈에 들어와
'돕고 사는 천성' 저절로 발동하여
다시 밥 나눠먹기 시작했다
'내사 세끼 먹는 것만 해도 감사하다'며
제 몸 아픈 것도 돌보지 않고
다시 입품 발품 팔아가며
오늘도 독거노인 밥 대주고 살아가는
금옥이 보살
이처럼 멈추지 않는 닦음이 되어야지
보살이 얻는 과위가 망상이라고 하여
보살의 수행 그만 멈추어 버리면
나와 남을 구분 짓고 나와 중생 따로 여겨
목숨 장단 매여 살아
깨달음의 대상을 구하는 바 되어
(얻을 수 있는 것은 법이 아니고, 착한 법이 아니므로)
아뇩다라삼먁삼보리의 법 얻을 수 없게 되나니

방금 말한 금옥이 보살이
아무런 대가 바라지 않고 천직이려니 여겨
무던히 제 일 하는 것처럼
끝없이 착한 법을 닦아야
그물의 벼릿줄처럼 착한 법이 벼리가 되어
없는 법이 당겨지느니라
착한 법이란 것도 보살이 착한 법에 집착이 없으므로
착한 법은 착한 법이 아니고
착한 법이 아니므로 착한 법이라고 하는 것이니
쑥은 삼밭 속에서 곧게 잘 자란다

〈정심행선분(淨心行善分) 제 二十三까지〉

24. 복과 지혜는 비교할 수 없다

- 깨달음은 즐거움이라서
- 해탈의 경로

허공의 자유를 모르면 새장 속의 새는
문 열어줘도 날아갈 줄 모르고
해탈의 맛을 모르면 우물 안 개구리가
우물이 바다보다 넓다 코웃음 치듯
자아 속에 갇힌 사람도 해탈을 그만
비웃고 만다

爲諸菩薩世尊善男子善女人發阿耨多羅三藐三菩提心應云何住云何降伏其心佛言善哉善哉須菩提如汝所說如來善護念諸菩薩善付囑諸菩薩汝今諦聽當爲汝說善男子善女人發阿耨多羅三藐三菩提心應如是住如是降伏其心唯然世尊願樂欲聞佛告須菩提諸菩薩摩訶薩應如是降伏其心所有一切眾生之類若卵生若胎生若濕生若化生若有色若無色若有想若無想若非有想非無想我皆令入無餘涅槃而滅度之如是滅度無量無數無邊眾生實無眾生得滅度者何以故須菩提若菩薩有我相人相眾生相壽者相即非菩薩復次須菩提菩薩於法應無所住行於布施所謂不住色布施不住聲香味觸法布施須菩提菩薩應如是布施不住於相何以故若菩薩不住相布施其福德不可思量須菩提於意云何東方虚空可思量不不也世尊須菩提南西北方四維上下虚空可思量不不也世尊須菩提菩薩無住相布施福德亦復如是不可思量須菩提菩薩但應如所教住須菩提於意云何可以身相

說不受福德須菩提若菩薩作是言如來若來若去若坐若臥是人不解我所說義何以故如來者無所從來亦無所去故名如來須菩提若善男子善女人以三千大千世界碎爲微塵於意云何是微塵眾寧爲多不須菩提言甚多世尊何以故若是微塵眾實有者佛則不說是微塵眾所以者何佛說微塵眾則非微塵眾是名微塵眾世尊如來所說三千大千世界則非世界是名世界何以故若世界實有者則是一合相如來說一合相則非一合相是名一合相須菩提一合相者則是不可說但凡夫之人貪著其事須菩提若人言佛說我見人見眾生見壽者見須菩提於意云何是人解我所說義不不也世尊是人不解如來所說義何以故世尊說我見人見眾生見壽者見即非我見人見眾生見壽者見是名我見人見眾生見壽者見須菩提發阿耨多羅三藐三菩提心者於一切法應如是知如是見如是信解不生法相須菩提所言法相者如來說即非法相是名法相須菩提若有人以滿無量阿僧祇世界七寶持用布施若有善男子

깨달음은 즐거움이라서

무심결 손을 흔들면 바람이 일지만
거기엔 악함과 착함이 없다
물은 위에서 아래로 흐르지만
흐르는 물소리엔 악함과 착함이 없다
누가 멍하니 먼 산 쳐다볼 지라도
그 역시 악하다 착하다 정할 수 없다
착한 짓을 하면 즐거움이 따르고
악한 짓을 하면 괴로움 따르는 일 분명하지만
이도 저도 아닌 일에는
즐겁거나 괴로운 일 따르지 않는다
깨달음은 즐거움이라서
착한 짓이 원인이 되므로
착한 법 끝없이 지어 아뇩다라삼먁삼보리
얻는단 말엔 두 손을 들지만
이 경을 지녀 보리를 얻는단 말은
수긍하기 힘들다
왜냐하면 경은
음절 · 낱말 · 구절 · 문장으로 이뤄져

착한 것도 아니고 악한 것도 아니라서
마음이 움직이지 않으면
경 스스로 아무런 결과 낳을 수 없다
그런데 세존께선 왜 자꾸
이 경을 지님이 보리의 원인이 된다 하시는가?

해탈*의 경로

눈으로 보아 눈의 알아차림이 생기고
귀로 들어 귀의 알아차림이 생기고
코로 냄새 맡아 코의 알아차림이 생기며
혀로 맛보아 혀의 알아차림이 생기고
몸으로 느껴 몸의 알아차림이 생기며
뜻으로 생각해 뜻의 알아차림이 생기나니
알아차림은 물듦이고 물듦은 업*이며
업은 종자(種子)이고 종자는
언제라도 조건만 맞으면 싹을 틔워
존재의 원인이 된다
이 세상에 눈 없는 자는 없고
눈이 없으면 코라도 있을 터
그렇기에 살아가며 그 누구라도
선이든 악이든 선도 악도 아니든
짓지 않을 수 없고 지은 다음엔
원인 있는 곳에 결과 따르는 법의 그물
피할 수 없지만
모든 경계 바로 보고 다시 보고 또 보아

보는 자 사라지고 경계만 동동 떠가다
그 마저도 확 뒤집어져 숨 끊어지는 순간
캄캄함을 부수고 철벽을 부수고
한 생각도 일지 않는 곳 문득 이르면
늘거나 줄지 않고
때도 물듦도 없는 법 안에 쉬니
눈으로 보아 눈의 알아차림 생겨도
나와 남이라고 하는 집착이 없으므로
알아차림은 알아차림이 아니고
귀로 들어 귀의 알아차림 생겨도
그와 같이 동그마니 남인 듯 아닌 듯
알아차림은 알아차림이 아닌 것이니
코·혀·몸·뜻도 마찬가지로
알아차려도 알아차림이 없고
알아차림이 없으므로 물듦이 없고
물듦이 없으므로
인과(因果)에 매임이 없고
매임이 없으므로 해탈에 이름이니라
이 경이 말하는 바가 바로 그것이니
이 경을 지님이 어찌 보리의 원인이 되지 않겠느냐
소가 마신 물은 우유가 되고

뱀이 마신 물은 독이 됨이니
움직이지 않는 마음은 있으되 없고
경은 비록 무기*일 지라도
너희가 거울을 보고 자태를 다듬듯이
무기인 글귀를 보아 알아차림이 생기지 않겠느냐
하지만 그 알아차림은 알아차림이 아니므로
움직이지 않는 마음이 없는 그 마음을 통하여
독이 때로 약이 되듯이
움직이지 않는 마음을 만나고
움직이지 않는 마음이 보리라서
움직이지 않는 마음은 보리를 이루고
보리를 이루므로
삼천대천세계 안에 있는 수미산처럼 큰 칠보를
보시하여 받는 복으로는
이 성을 지니는 공덕에 일 푼도 미칠 수 없나니
백두산이 높아도 저 허공의 높이와 비교할 수 없듯
인과를 따르는 복과
인과에 매임 없는 지혜는 비교할 수 없는
까닭이니라

　*해탈(解脫): ①번뇌의 속박을 벗어나 자유로운 경계에 이름. ②선정의 이명(異名). 속박을 벗고 자재함을 얻는 것이 선정의 덕이므로 선정을 해탈이라고 함. 역으로 해탈을 얻기 위하여 연기(緣起)하는 것이 무아(無我)라는 직관을 넘어 선정을 이뤄야 한다는 공식이 성립된다.

　*업(業 karma): 몸과 입과 뜻으로 짓는 선악의 소행. 이것이 미래에 선악의 결과를 가져오는 원인이 됨. 또는 전세(前世)에 지은 선악의 소행으로 말미암아 현세에서 받는 응보. 업에는 선업(善業), 악업(惡業), 무기업(無記業;선업, 또는 악업이라고 판정하기 어려운 업)의 세 가지가 있음.

　*무기(無記): 업의 한 가지로 선업, 또는 악업이라고 판정하기 어려운 업으로 즐거움과 괴로움의 결과를 낳지 않는 지음. 이 글은 '무기의 성품인 경은 보리의 원인이 되지 못할 것이다'라는 의문에 대한 답이고, 169쪽 '이상적멸분 제 14'「길 모르는 사람에게」에서는 '인과를 이루는 유위법인 말의 본체는 없으므로 보리의 원인이 되지 못할 것이다'라는 의문으로서 비슷한 것 같지만 분명 다르다.

〈복지무비분(福智無比分) 제 二十四까지〉

25. 교화해도 한 것이 없다

-. 시방사 은행나무
-. 임 만호 교장선생님

> 좁은 시내가 흘러 모여 내를 이루고
> 내가 흘러 모여 강물을 이루고
> 강물이 흘러 모여 넓은 바다를 이루지만
> 시내든 바다든 물이라는 한 이름이니
> 좁고 넓음이 어디 있으랴

當為汝說善男子善女人發阿耨多羅三藐三菩提心應云何住云何降伏其心佛言善哉善哉須菩提如汝所說如來善護念諸菩薩善付囑諸菩薩汝今諦聽當為汝說善男子善女人發阿耨多羅三藐三菩提心應如是住如是降伏其心唯然世尊願樂欲聞佛告須菩提諸菩薩摩訶薩應如是降伏其心所有一切眾生之類若卵生若胎生若濕生若化生若有色若無色若有想若無想若非有想非無想我皆令入無餘涅槃而滅度之如是滅度無量無數無邊眾生實無眾生得滅度者何以故須菩提若菩薩有我相人相眾生相壽者相即非菩薩復次須菩提菩薩於法應無所住行於布施所謂不住色布施不住聲香味觸法布施須菩提菩薩應如是布施不住於相何以故若菩薩不住相布施其福德不可思量須菩提於意云何東方虛空可思量不不也世尊須菩提南西北方四維上下虛空可思量不不也世尊須菩提菩薩無住相布施福德亦復如是不可思量須菩提菩薩但應如所教住

須菩提於意云何如來不受福德須菩提菩薩所作福德不應貪著是故說不受福德須菩提若有人言如來若來若去若坐若臥是人不解我所說義何以故如來者無所從來亦無所去故名如來須菩提若善男子善女人以三千大千世界碎為微塵於意云何是微塵眾寧為多不須菩提言甚多世尊何以故若是微塵眾實有者佛則不說是微塵眾所以者何佛說微塵眾則非微塵眾是名微塵眾世尊如來所說三千大千世界則非世界是名世界何以故若世界實有者則是一合相如來說一合相則非一合相是名一合相須菩提一合相者則是不可說但凡夫之人貪著其事須菩提若人言佛說我見人見眾生見壽者見須菩提於意云何是人解我所說義不不也世尊是人不解如來所說義何以故世尊說我見人見眾生見壽者見即非我見人見眾生見壽者見是名我見人見眾生見壽者見須菩提發阿耨多羅三藐三菩提心者於一切法應如是知如是見如是信解不生法相須菩提所言法相者如來說即非法相是名法相

시방사* 은행나무

시방사 담장 안에는 100년 가까이 된
큰 은행나무 한 그루 실하게 서 있다
간간 잿밥을 줘서 그런지 거름 한 번 안 줘도
해마다 별나게 굵은 은행이 포도송이처럼 주렁주렁 달린다
한여름 뙤약볕에 슬슬 노래진 은행은
한가위 가까워져서 바람 한 번 지날 때마다
수십 개씩 후두둑 땅으로 곤두박질친다
길에도 떨어지고 마당에도 떨어지고 더러는
지나는 차에 깔려 짓뭉개져 구린 냄새를 풍기지만
100의 99는 은행 줍는 사람의 몫으로 돌아간다
투둑 소리만 나면 번개같이 나타나 봉지를 채우는 가스집 아줌마
길 청소 해가며 쓰레받기로 쓸어 담는 앞집 할머니
평소에 코빼기도 안 비추던 사람들이 절 마당을 제집인 양
수시로 들락날락 밤을 새워 줍고 새벽에도 줍고
길 가다가도 주워가는 사람 합치면 족히 수십 명

은 된다
 주인인 내가 굳이 몇 시에 와서 주워라
 거긴 줍고 여긴 줍지 마라 이렇게 저렇게 주워라 하지 않아도
 다들 알아서 잘들 주워가니
 평등한 모양이 아뇩다라삼먁삼보리의 법과 같다
 그렇지 않은가
 은행나무가 아뇩다라삼먁삼보리의 법이라면
 은행열매는 이 법이 쏟아내는 법의 비(法雨)인 셈이고
 열매를 주워가고 안 주워가고는 사람의 몫이니
 법에는 높고 낮음이 없으나 (얻는 게 있으면 법이 아니지만)
 법을 얻는 이도 있고 얻지 못하는 이도 있는 모양과 같아
 그 모습 그대로 평등함이 아닌가
 조금 전에도 세존께서 '이 법은 높고 낮음이 없다' 하셨듯이
 내가 뉘더러 은행을 어떻게 주워라 하면 차별을 이루게 되고
 누가 법을 이렇게 얻어라 저렇게 얻어라 하면 역시 차별이고

누가 누구를 제도한다고 하면 또한 높고 낮음이 생기는 것이므로
평등을 이루지 못하는 이 법들은
아뇩다라삼먁삼보리의 법이라 말할 수 없다
이와 같다면 보살은 장차 어떻게 중생을 도울 것이며
벌써 법을 일러 중생 건지신 세존의 흔적은
높고 낮음을 만드신 증거가 아닌가?
시방사 은행나무는 그대로 평등인데 말이다

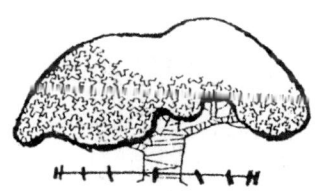

---

*시방사(是方寺): 대구시 남구 대명동에 있는 필자가 거주하는 사찰.

임 만호 교장선생님

임 만호 교장선생님, 나는 그를 모른다
오늘 저자에 나간 김에 점심으로 자장면을 먹다가
중국집에서 켜 논 TV속에서
캄보디아의 희망학교에서 일하는 그를 처음 보았다
가난 땜에 못 배우는 아이들에게
글자만 가르치는 선생님이 아니라
사랑과 희망을 주는 선생님인 것을
화면 속 그의 손길 그의 표정이
전적으로 의심 없도록 전하고 있었다
등교하는 아이들 일일이 마중하여 안아주는 모습이며
 한 명의 아이라도 배울 기회 잃을까 봐 노심초사
 학교 뿐 아니라 집안까지 돌보며 학교로 이끄는 정성
 남을 자기로 보는 마음 아니면 할 수 없는 일
 더구나 그는 얼굴 근육에서 팔다리 근육까지 점점 굳어지는
 파킨슨씨병을 앓고 있는 처지
 제 몸도 감당하기 힘들 게 자명한데

'죽는 날까지 이 일 멈추지 않겠다'는 말에는
 차라리 비장함이 흘러내리고
 머나먼 이국땅이라지만 남을 자기로 보는 마음으로 살기에
 남의 나라도 나의 나라이고 그 나라의 아이들도 내 아이인 것
 그러므로 임 만호 교장선생님은 나와 남의 분별이 없는 사람이라
 수많은 아이들에게 사랑과 희망을 주지만
 나를 버렸기에
 나를 버린 사람은 그저 줄 뿐 줬다는 생각 가지지 않으므로
 사랑과 희망을 준 바가 없는 것
 그런 그 모습이 여래의 모습과 별다를 게 없으니
 여래가 중생을 제도한다시만 제도한다는 생각이 없고
 제도한다는 생각이 없으므로 제도할 중생이 없고
 제도할 중생이 없으므로 중생을 제도한 바가 없어*
 결국 나와 남이 있다는 인식마저 떠난 것처럼
 임 만호 교장선생님이 제 목숨 아끼지 않으며
 아이들을 돌봄이
 저는 잘나고 아이들은 못났다는 차별에서 생긴 것이 아니고

잘난 사람 없고 못난 사람 없다는 평등에서 비롯하였으니
선생님은 선생님이 아니고 학생은 학생이 아니며
중생은 중생이 아니고 부처는 부처가 아니며
나와 남이 따로 있다고 보는 범부라는 존재도
말이 범부인 것이지 본래 없기에 범부가 아님이라
결론으로 나와 남이 없다는 것도
나와 남이 없는 것 또한 아닌 것이니라
이 법리 속에서 부처님의 법통이 긴 세월 이어져 왔듯이
임 만호 교장선생님이 준 사랑과 희망도 준 바 없을 지라도
받은 아이가 자라 다시 아이의 손을 잡고
또 그렇게 아이가 아이의 손을 잡아 대를 잇고 국경을 넘어
사랑과 희망은 그대로 사랑과 희망으로
멀리 넓고 길게 이어 퍼지리라

*<중생을 제도하되 제도한 바가 없다>는 말씀이 이 경에서 네 사례 나오는데, 첫째, '대승정종분 제3' 「마음이 하늘 되다」에서는 '내가 중생을 제도한다는 생각을 여의라'는 내용을 말하였고, 둘째, '구경무아분 제17' 「이미 다 갖추고 있으므로」에서는 '<나>가 없다면 누가 중생을 제도하겠는가?' 라는 의문에 대한 답을 하였고, 셋째, '구경무아분 제17' 「우포늪보살」에서는 '얻을 법이 없다면 제도할 중생이 없지 않겠느냐?' 하는 의문에 대한 답을 나디내었으며, 넷째, 여기서는 '참 법계는 평등하여 중생을 제도한다는 말이 맞지 않겠구나' 하는 의문에 대한 답을 밝혔음을 알기 바란다.

<화무소화분(化無所化分) 제 二十五까지>

26. 법신은 모양이 아니다

-. 이 중섭을 생각하며
-. 딱 잘라 말하여

여름 끝자락, 방문 밖으로
살랑살랑 나뭇잎이 몸을 흔든다
매미가 운다
파아란 하늘이 높다
뭉게구름 둥실 떠 간다
흔들고, 울고, 높고, 갈 뿐
거기 무어 의미는 없다

佛言善哉善哉須菩提如汝所說如來
善護念諸菩薩善付囑諸菩薩汝今諦
聽當為汝說善男子善女人發阿耨多
羅三藐三菩提心應如是住如是降伏
其心唯然世尊願樂欲聞
佛告須菩提諸菩薩摩訶薩應如是降
伏其心所有一切眾生之類若卵生若
胎生若濕生若化生若有色若無色若
有想若無想若非有想非無想我皆令
入無餘涅槃而滅度之如是滅度無量
無數無邊眾生實無眾生得滅度者何
以故須菩提若菩薩有我相人相眾生
相壽者相即非菩薩
復次須菩提菩薩於法應無所住行於
布施所謂不住色布施不住聲香味觸
法布施須菩提菩薩應如是布施不住
於相何以故若菩薩不住相布施其福
德不可思量須菩提於意云何東方虛
空可思量不不也世尊須菩提南西北
方四維上下虛空可思量不不也世尊
須菩提菩薩無住相布施福德亦復如
是不可思量須菩提菩薩但應如所教
住

須菩提若善男子善女人以三千大千
世界碎為微塵於意云何是微塵眾寧
為多不須菩提言甚多世尊何以故若
是微塵眾實有者佛則不說是微塵眾
所以者何佛說微塵眾則非微塵眾是
名微塵眾世尊如來所說三千大千世
界則非世界是名世界何以故若世界
實有者則是一合相如來說一合相則
非一合相是名一合相須菩提一合相
者則是不可說但凡夫之人貪著其事
須菩提若人言佛說我見人見眾生見
壽者見須菩提於意云何是人解我所
說義不不也世尊是人不解如來所說
義何以故世尊說我見人見眾生見壽
者見即非我見人見眾生見壽者見是
名我見人見眾生見壽者見須菩提發
阿耨多羅三藐三菩提心者於一切法
應如是知如是見如是信解不生法相
須菩提所言法相者如來說即非法相
是名法相須菩提若有人以滿無量阿
僧祇世界七寶持用布施若有善男子

이 중섭*을 생각하며

저 시절이나 이 시절이나
저 시절이 이 시절이고 이 시절이 저 시절이라
사랑하는 사람과
헤어지면 슬프고 만나면 기쁜 일 똑같거니
누군들
슬픈 사람 왜 모르고 기쁜 사람 왜 모르랴
100년 전이든 1000년 전이든
슬픈 사람 슬퍼 보이고 기쁜 사람 기뻐 보이는 사정
변함없거늘
나 비록 같이 살지 않았으나
형이라 부르고 싶은 저 시절 중섭이 형은
슬픈 사람이지만 기뻐 보여
그것은 순전히 그의 그림 때문이다
일본이 모국인 그의 아내 남덕은
6.25 동란 피해 두 아들 데리고
일본으로 가 버리고
홀로 남겨진 세월-가난과 고독
가슴 아려 눈물의 밤 보냄직 하련마는

그리움이 하도 넘쳐 꿈 세계 되었나
그려놓은 그림이 거의 대부분
행복에 들뜬 가족이고 놀이에 몰두한 아이들이다
'길 떠나는 가족'이란 그림에서는
아버지가 휘파람을 불며 앞장서 소를 몰고
수레에 탄 아내와 아이들은 꽃을 뿌리고 새를 날리며
마치 파라다이스를 향해 가듯 즐거워하니
어느 누가 보기에도 신나고 정겹다
현실은 분명 떨어져 있었지만
다른 그림 속에서도 중섭의 가족은 항상 뭉쳐져 있고
놀이에 즐거운 아이들은 말 그대로 극락이다
누가 그의 인생이 처절한 슬픔이라 전한다 해도
극락 속에 살지 않으면 어찌 그런 그림이 나오랴
천재 화가 이 중섭!
연고자도 없이 홀로 숨을 거뒀지만
그는 늘 행복하였을 것이란 것이 나의 생각이다
나 비록 같이 살진 않았으나
중섭이 형, 그의 그림을 보고 그를 알듯이
아무리 몸 없는 몸이 여래의 참 몸이라 하여도
몸 없는 몸에서 보살도 나오고 부처도 나오므로
살상투에 크신 귀- 거룩한 모양만 보아도
'여래를 짐작해 알 수 있지 않을까?' 하는

생각 가져 보옵니다
이 중섭을 생각하며

* 이 중섭(1916~1956): 한국의 서양화가. 호는 대향. 향토적이고 개성적인 화풍으로 한국 서양화의 현대화에 공헌하였으며 담뱃갑 은박지에 송곳으로 긁어서 그린 선화(線畵)는 표현의 새로운 영역탐구로 평가된다.

딱 잘라 말하여

덕망 높은 아버지 밑에
개망나니 아들이 애먹이기도 하고
무지렁이 아버지 밑에
똑똑한 아들이 나기도 하니
아버지만 보고 그 아들을 알 수 없고
아들만 보고 그 아버지를 알 수 없다
하니, 아버지를 보아 아버지를 알고
아들을 보아 아들을 알듯
여래를 보아 여래를 알아야 하는데
여래의 모습은 없는 모습이 여래의 모습이라서
없는 모습을 볼 줄 모르면
죽어라 용 써도 여래를 볼 수 없다
없는 모습이란 ○○○○○○○*이다
그러므로 거룩하든 말든 무슨 모양일지라도
모양은
원인과 결과의 법칙에 의해 생겨나므로
원인과 결과의 법칙에 매이지 않는
여래와는 달라

딱 잘라 말하여
　　짐작으로라도 모양으로는
　　결단코 여래를 볼 수 없노라*
　　하여, 송(頌)하여 이르나니
　　겉모양에서 부처를 찾거나
　　목소리로써 부처를 구한다면
　　이 사람은 삿된 도를 행하는지라*
　　끝끝내 여래를 보지 못 하리라*

＊○란은 독자의 숙제로 남겨 둔다. 이 경의 내용 중에 딱 한번 나오는 한역어(漢譯語)이다.

＊모양으로써 여래를 볼 수 없다는 말씀이 여러 차례 나왔으니, ①'여리실견분 제5'「눈을 감고 보라」에서는 부처가 되려는 수행의 방법으로써 겉모양으로 부처를 보려는 짓이 틀렸다는 내용이고, ②'장엄정토분 제10'「돌이 모여 돌탑을 이루지만」에서는 '큰 몸이란 것은 큰 몸이 아니다'하여 부처님이 부처가 되신 것은 겉모양을 여의었다는 뜻을 보였으며, ③'이색이상분 제20'「몸 없는 몸이」에서는 '모두 갖춘 몸매로 여래를 볼 수 없다'하여 참 법신에 의해 거짓인 겉모양이 나타났다는 뜻을 말하였고, 여기서는 겉모양에 의해 참 부처를 찾을 수 없다는 뜻을 나타내었다.

〈법신비상분(法身非相分) 제 二十六까지〉

27. 끊어짐도 멸함도 없다

- 허공과 같으니
- 돌아가는 것은 가능하다

> 사랑이 끊어짐도 사람의 일이고
> 사랑이 이어짐도 사람의 일이건만
> 한 순간 이해 모자라 끊은 사랑이
> 평생의 한이 되어 잠 못 들게 하나니

尊諸菩薩摩訶薩應如是降伏其心佛言善哉善哉須菩提如汝所說如來善護念諸菩薩善付囑諸菩薩汝今諦聽當為汝說善男子善女人發阿耨多羅三藐三菩提心應如是住如是降伏其心唯然世尊願樂欲聞佛告須菩提諸菩薩摩訶薩應如是降伏其心所有一切眾生之類若卵生若胎生若濕生若化生若有色若無色若有想若無想若非有想非無想我皆令入無餘涅槃而滅度之如是滅度無量無數無邊眾生實無眾生得滅度者何以故須菩提若菩薩有我相人相眾生相壽者相即非菩薩復次須菩提菩薩於法應無所住行於布施所謂不住色布施不住聲香味觸法布施須菩提菩薩應如是布施不住於相何以故若菩薩不住相布施其福德不可思量須菩提於意云何東方虛空可思量不不也世尊須菩提南西北方四維上下虛空可思量不不也世尊須菩提菩薩無住相布施福德亦復如是不可思量須菩提菩薩但應如所教住

須菩提於意云何三千大千世界所有微塵是為多不須菩提言甚多世尊何以故若是微塵眾實有者佛則不說是微塵眾所以者何佛說微塵眾則非微塵眾是名微塵眾世尊如來所說三千大千世界則非世界是名世界何以故若世界實有者則是一合相如來說一合相則非一合相是名一合相須菩提一合相者則是不可說但凡夫之人貪著其事須菩提若人言佛說我見人見眾生見壽者見須菩提於意云何是人解我所說義不不也世尊是人不解如來所說義何以故世尊說我見人見眾生見壽者見即非我見人見眾生見壽者見是名我見人見眾生見壽者見須菩提發阿耨多羅三藐三菩提心者於一切法應如是知如是見如是信解不生法相須菩提所言法相者如來說即非法相是名法相須菩提若有人以滿無量阿僧祇世界七寶持用布施若有善男子

허공과 같으니

허공이란 것
건드리나 마나 원래 있었고
치우나 마나 애초 빈 그대로이니
무엇으로도 만들 수 없고
설령 태산 치워 만든다 하여도
본래 상태로 다시 갖춰진 셈이라서
만든 것으로 칠 수 없지요
잘 살펴보면 세상의 구성요소
-지(地)·수(水)·화(火)·풍(風)이
이 허공으로부터 생겨나
가지가지 인연을 만나 뭉쳐지고 사라지며
세모도 되고 네모도 되므로
허공은 만 생명의 어미가 됩니다
이에 비추어
겉모양으로 여래를 볼 수 없고
음성으로도 여래를 만날 수 없단 세존의 말씀이
거짓일 리 없지마는 결정코 참이라면 여래는
허공과 같으니

여래 또한 만 생명의 어미가 되고
허공을 무엇으로도 만들 수 없듯이
무슨 수단 쓴다한들 여래가 될 수 없지요
그러므로 허공과 같이 여래는
이래저래 만들어지는 상대가 아니고
만들어져 있는 존재입니다
쉽게 말해 여래는
발명되어져야할 무엇이 아니고
발견되어져야할 대상인 것이지요
그래서 '여래'와 같은 말인 '부처'는
고유명사가 아닌 보통명사가 됩니다
그렇다면 보살이 여러 중생 도와 복덕 쌓는 일이 공덕 되어
32상 갖추게 하고 좋은 과보 받게 하여도
모양이란 결론 비켜갈 수 없으니
모습 없는 모습인 여래와는 거리가 십만 팔천 리 하여
아무리 많은 복덕 쌓아도 부처는 될 수 없겠다는 의심
낼 수밖에 없지 않습니까?
이 말 끝에 보살들 맥 풀리지 않도록
다시 한 번 여래세계 설하여 주옵소서

돌아가는 것은 가능하다

얼음은 본래 물이라
얼음 녹아 물로 돌아가듯이
허공을 만들 수는 없지만
집은 본래 허공이라
집이 불 타 허공으로 돌아가는 것은 가능하다
여래 또한 될 수는 없지만
너나 나는 본래 여래라서
<나>없는 수행으로 여래로 돌아가는 것은 가능하다
얼음이 물로 되기 위하여
섭씨 1도 이상의 열이 필요하듯이
집이 허공으로 돌아가려면
불에 타든지 세월 흘러 삭아 내리든지 해야지
조건 맞지 않으면 그도 어렵다
객지에서 고생하며 돌아가고 싶어도
고향에 돌아가지 못하는 사람 얼마나 많은가
'출세해서 가야지' 하는 마음에 세월 다 흘리고
출세도 못하고 타향에 눌러 붙은 사람

헤아려 보면 부지기수
이유가 물질이든 마음이든 간에
모두 조건을 맞추지 못해서이다
여래께서 말씀하신
'자갈밭에 뿌려진 씨앗과 옥토에 뿌려진 씨앗'
의 비유가
여기 조건을 말함이다
그렇듯 모습 없는 모습이 여래라서
부드럽고 온화한 몸매와 표정으로는
도무지 여래가 될 수 없을 것 같지만
저 얼음을 녹이는 열기로 인해
얼음이 물로 돌아가는 것 같이
저 집을 없애는 불길, 혹은 세월로 인해
집이 허공으로 돌아가는 것 같이
부드럽고 온화한 몸매와 표정이
<나>가 없음으로써 생겨난 이유로
여래로 돌아가는 조건이 됨을 안다면
복덕의 결과로 나타나는 거룩한 몸매로써
아뇩다라삼먁삼보리를 얻을 수 없다는 생각
낼 수 없으리
모든 일의 성취에는 과정이 따르는 법
우렁차게 울어대는 저 매미의 일생을 보라

나뭇잎에 싸인 알에서 깬 애벌레가
땅으로 내려앉기도 전에
일부는 개미에게 먹히고 거미에게도 먹히고
낙하에 성공한 녀석은 땅 속을 파고들어
나무의 뿌리에 붙어 뿌리의 수액을 빨아먹고
굼벵이로 자라지
어두운 땅 속에서 몸을 불리기 7년, 긴 인고의 세월 지나면
발과 껍질 튼튼한 어른벌레 되어
새나 사마귀 천적을 피해 은밀한 밤중에
땅을 뚫고 나와 나무 위로 기어오르지
나무 둥치의 적당한 곳에 단단히 몸을 붙이고
어렵사리 허물을 벗어내면
연한 녹색의 여린 몸이 날개를 달고
비비고 벌어 몸을 밀디고 피를 돌려
하룻밤 새 까만 몸매를 갖추고
공중을 날 수 있는 매미가 되지
수컷은 2,3일이 지나면 힘찬 울음을 내어
암컷을 불러 번식을 하고
한 달 만에 생을 마감하게 되지
이처럼 알에서 애벌레가 되고 애벌레에서 굼벵이가 되고

굼벵이에서 어른벌레가 되고 어른벌레에서 매미가 되는 노력이
보살이 부처됨과 다를 바 없으니
보살이 중생 도우는 일 잠시라도 어찌 멈출 수 있으랴
모름지기 아뇩다라삼먁삼보리의 마음을 낸 이는
저 매미의 일생이 본보기가 되듯
부처가 되는 과정이 아주 없다고 여기지 않나니
모양 있는 결과 얻어 부처 될 수 없다 하여도
복덕을 무시하는 실수를 범해선 안 된다
부처는 애써 되는 것이 아니라 조건만 맞으면
저절로 녹아드는 것이기에
거룩한 몸매로써
거룩한 몸매에 마음이 눌러 붙지 않으면
출세해서 고향 가듯 여래의 품으로
돌아가는 것은 가능하다

〈무단무멸분(無斷無滅分) 제 二十七까지〉

28. 받지도 않고 탐내지도 아니함

-. 출세의 두 가지
-. 큰 꿈 가진 사람은

> 물가의 갈대는
> 흐르는 물 잡지 않고도
> 물을 맑게 만들고
> 배고픈 거지는
> 상한 음식 배불리 주워 먹고도
> 아무 탈이 없다

佛言善哉善哉須菩提如汝所說如來善護念諸菩薩善付囑諸菩薩汝今諦聽當為汝說善男子善女人發阿耨多羅三藐三菩提心應如是住如是降伏其心唯然世尊願樂欲聞

佛告須菩提諸菩薩摩訶薩應如是降伏其心所有一切眾生之類若卵生若胎生若濕生若化生若有色若無色若有想若無想若非有想非無想我皆令入無餘涅槃而滅度之如是滅度無量無數無邊眾生實無眾生得滅度者何以故須菩提若菩薩有我相人相眾生相壽者相即非菩薩

復次須菩提菩薩於法應無所住行於布施所謂不住色布施不住聲香味觸法布施須菩提菩薩應如是布施不住於相何以故若菩薩不住相布施其福德不可思量須菩提於意云何東方虛空可思量不不也世尊須菩提南西北方四維上下虛空可思量不不也世尊須菩提菩薩無住相布施福德亦復如是不可思量須菩提菩薩但應如所教住

須菩提於意云何可以身相

（左頁）

須菩提若有人以滿無量阿僧祇世界七寶持用布施若有善男子

善女人發菩薩心者持於此經乃至四句偈等受持讀誦為人演說其福勝彼云何為人演說不取於相如如不動何以故

一切有為法如夢幻泡影如露亦如電應作如是觀

佛說是經已長老須菩提及諸比丘比丘尼優婆塞優婆夷一切世間天人阿修羅聞佛所說皆大歡喜信受奉行

출세(出世)의 두 가지

세상일에 뛰어난 것이 출세이지만
세상일에 물 안 드는 것도 출세이다

세상일에 뛰어나는 것이 힘들지만
세상일에 물 안 드는 것은 더 힘들다

좋은 집에 좋은 음식, 높은 자리 돈 잘 벌기 힘들어도
잘 베풀고 성 안 내고, 부지런하고 양보하기 더 힘들다

세상일에 뛰어난 출세는 번뇌를 낳고
세상일에 물 안 드는 출세는 지혜를 낳는다

좋고 잘난 것에 길들어지면 싫고 못난 것에 짜증을 내게 되니 괴롭고
내 것 없고 내 주장 없으면 가림이 없고 가림이 없으니 평안하다

번뇌를 낳는 출세는 주는 대로 복을 받고
지혜를 낳는 출세는 복을 줘도 받지 않는다

주는 대로 받는 복 앞에는 욕락세계* 펼쳐지고
줘도 받지 않는 복 앞에는 여래세계 반긴다

중생이 욕락세계 들어감은 복을 받기 때문이고
보살이 여래세계 향함은 복을 받지 않기 때문이다

---

*욕락세계(欲樂世界): 바라고 원하는 것에 붙잡혀 있는 세계로서, 곧 윤회의 세계를 말한다.

큰 꿈 가진 사람은

큰 꿈 가진 사람은
즐거움에 들어서도 즐거움에 취하지 않으며
고난에 들어서도 무릎 꿇지 않으며
작은 성취에 안주하지 않으며
핍박을 받으면서 능히 견디며
칭송을 받으면서 고개를 숙이며
장애 속에서도 시작한 일 멈추지 않으며
목표를 눈앞에 두고서도 초심(初心)을 잃지 않는다
꿈 가지지 않은 사람 아무도 없으련만
꿈 가진 사람 중에
여래의 꿈 지닌 사람보다 큰 꿈 지닌 사람
어디 있을까 보냐?
여래의 꿈 지닌 사람 -보살이라서
보살은
복덕이 와서 안겨도 복덕을 탐내지 않고
복덕을 탐내지 않으므로 복덕을 누리지 않으며
복덕을 누리지 않기에 복덕을 받지 않나니
복덕을 탐내는 것은 번뇌를 이루고

그 번뇌는 오는 세월의 원인이 되며
원인이 번뇌이므로 왕의 자리 앉는다손 치더라도
결과는 번뇌일 수밖에 없는 것
반대로 번뇌가 없는 닦음이라야
번뇌가 없는 결과를 이루게 되니
집착이 없는 복덕을 닦아야
번뇌가 없는 여래를 이루게 되는 결론이다
보살이 복덕을 받으면 복덕에 마음이 끊어져
복덕에 머무르고
복덕에 머물면 여래세계 들 수 없어
다시 한 번 돌이켜 이르나니
수보리야, 맨 처음*
'보살이 저 언덕 넘기 위하여 마음을 어디에 머무를까?'
하고 물었을 때
온갖 중생 제도하리란 넓은 마음과
온갖 중생 끝까지 제도하리란 으뜸의 마음과
그 마음 중단 없는 항상의 마음과
항복 받은 마음에 다시 떨어지지 않는
뒤바뀌지 않는 마음에 머물러야 한다고*
명백히 대답하지 않았더냐?
큰 꿈 가진 사람은

즐거움에 들어서도 즐거움에 취하지 않으며
고난에 들어서도 무릎 꿇지 않으며
작은 성취에 안주하지 않으며
핍박을 받으면서 능히 견디며
칭송을 받으면서 고개를 숙이며
장애 속에서도 시작한 일 멈추지 않으며
목표를 눈앞에 두고서도 초심을 잃지 않는다

---

*'선현기청분 제2' 33쪽 「저 언덕 넘기 전에」에서 수보리가 기청한 사실을 말함.
*'대승정종분 제3' 43쪽 「마음이 하늘 되다」에서 석가모니 부처님께서 하신 대답.

〈불수불탐분(不受不貪分) 제 二十八까지〉

29. 든직한 거동이 아주 고요하다

-. 복덕의 행방
-. 여래도 해와 같이

눈 뜨면 밝음이고 눈 감으면 어둠이라
스스로 만들어 '밝다, 어둡다' 하지만
밝음과 어둠이 어디로부터 오는 게 아니고
어디를 향해 가는 것도 아니라네
밝음과 어둠은 늘 우리들 눈앞에 있음이니

此為《金剛般若波羅蜜經》節錄，因影像辨識難度甚高，以下為盡力辨讀之結果：

爾時須菩提白佛言世尊善男子
善女人發阿耨多羅三藐三
菩提心云何應住云何降伏其
心佛言善哉善哉須菩提如
汝所說如來善護念諸菩薩
善付囑諸菩薩汝今諦聽當為
汝說善男子善女人發阿耨多羅三藐三
菩提心應如是住如是降伏其心唯然世尊
願樂欲聞佛告須菩提諸菩薩摩訶薩應如是降伏其心
所有一切眾生之類若卵生若
胎生若濕生若化生若有色若無色若有想若無想
若非有想非無想我皆令入無
餘涅槃而滅度之如是滅度無量無數無邊眾生
實無眾生得滅度者何以故須菩提
若菩薩有我相人相眾生相壽者相即非菩薩
復次須菩提菩薩於法應無所住行
於布施所謂不住色布施不住
聲香味觸法布施須菩提菩薩應如是布施
不住於相何以故若菩薩不住相布施其福德不可思量須菩提於意云何
東方虛空可思量不不也世尊
須菩提南西北方四維上下虛空可思量不
不也世尊須菩提菩薩無住相布施福德亦復如是不可思量須菩提菩薩但應如所教住

不受福德須菩提若有人言
如來若來若去若坐若臥是人不解我所說
義何以故如來者無所從來亦無所去故名如來若善男子
善女人以三千大千世界碎為微塵於意云何是微塵眾寧為多
不甚多世尊何以故若是微塵眾實有者
佛則不說是微塵眾所以者何
佛說微塵眾則非微塵眾是名微塵眾世尊
如來所說三千大千世界則非世界是名世界何以故若世界實有者則是一合相如來說一合相則非一合相是名一合相須菩提一合相者則是不可說但凡夫之人貪著其事須菩提若人言佛說我見人見眾生見壽者見須菩提於意云何是人解我所說義不
不也世尊是人不解如來所說義何以故世尊說我見人見眾生見壽者見即非我見人見眾生見壽者見是名我見人見眾生見壽者見須菩提發阿耨多羅三藐三菩提心者於一切法應如是知如是見如是信解不生法相須菩提所言法相者如來說即非法相是名法相

복덕의 행방

이 땅에 이 보살 저 땅에 저 보살
끝없이 중생 도와 여래세계 향하면서
닦은 복덕 분명 태산보다 클 터인데
보살이 지은 복덕 받지 않는다 하니
보살이 지은 복덕 받지 않는다면
누가 그 복덕 가져가나?
보살이 향한 여래세계는
모든 게 저절로 갖춰져 있어
인과의 적용이 없고 인과의 적용이 없으므로
인과의 적용을 받는 복덕의 받음이 없고
복덕의 받음이 없으므로 여래세계 든 보살이
복덕을 가져갔을 리도 없다
그렇다면 그 복덕 어디로 가나?
구름이 제 무거워 비를 내리듯
100년 묵은 산삼을 어느 심마니 점지 받듯
보살이 쌓은 복덕 넘쳐흘러서
어느 땅 누군가에게 쏟아질 터
그 주인공 누구인가

가만히 석가세존 모든 면모 살펴보면
한때 복덕 닦아 보살로 계시었고
이제 우리 곁에 화신* 부처님으로 오시어
모두 갖춘 몸매와 모두 갖춘 살결
그저 바라보기만 하여도 거룩하고
의젓한 거동 따뜻한 손길로써
모든 상대 전심전념 보살피시니
중생의 의지처요 중생의 복밭이 분명하도다
그러므로 보살로 계실 때 받지 않은 복덕
화신으로 오셔서 받는 것이리라

---

*화신(化身): 삼신(三身)의 하나. '장엄정토분 제10' 116쪽 「돌이 모여 돌탑을 이루지만」의 주(註) 참조. 이 시는 '화신이 와서 복덕을 받지 않을까?' 하는 수보리의 24번째 의심이다.

여래도 해와 같이

우리는 '해가 뜬다'고 말하지만
해는 뜬 적이 없고
우리는 '해가 진다'고 말하지만
해는 진 적 또한 없다
우리 사는 지구별이 하루에 한 바퀴
스스로 돌아
낮과 밤을 만드는 것이지
해는 늘 그 자리 그대로이다
자각할 수 없지만
우리가 가서 해를 맞으므로
'해가 뜬다' 말할 게 아니라
'해를 맞이한다' 말함이 옳고
우리가 움직여 해를 등지므로
'해가 진다' 말할 게 아니라
'해를 떠난다'고 말함이 옳다
따지자니 그렇다는 것이지
상용화 된 말을 뒤엎자는 얘기는 아니다
여래도 해와 같이

늘 그 자리 그대로라서
해가 뜬 적이 없듯 여래가 온 적이 없고
해가 진 적이 없듯 여래가 간 적이 없다
그래서 누가
여래가 '왔다'거나 '갔다'거나
'앉는다'거나 '눕는다'고 말한다면
여래를 모르고 하는 소리이다
생각해 봐라
만약 '여래가 이 자리에 오셨다' 한다면
여래가 떠나온 자리가 비었다는 말이고
'여래가 가셨다' 한다면
이 자리가 비었다는 말이며
'여래가 앉는다'거나 '눕는다'고 말하여도
앉지 않고 눕지 않은 자리는 비었단 말이므로
어디에나 꽉 찬 여래의 성품
오도(誤導)하는 말이 되고 말지 않느냐
하여, 어디로부터 왔다거나 어디로 가는 바가
없는 모습이 여래가 되고
오고 감이 없는 모습이 여래이므로
'화신 부처님이 오셔서 복덕을 받는다'는 말은
여래가 오고 감이 있다는 말이므로
말의 성립이 되지 않는다

말의 성립이 되지 않으므로 뜻에서도 마찬가
지이다
화신 부처님이란 것도 그렇다
해가 나타나 빛을 내놓으니 어둠 속에 있던 만상이
속속 드러나서 만상은 해의 화신이 된다
그렇듯이
여래는 모습 없어도 없는 곳 없는 존재라서
모습 없는 모습이란 존재를 보는 사람은
여래의 화신이 된다
일천 강물에 비친 둥근달처럼
인연 따라 화신이 될 뿐
화신 또한 오고 가는 것이 아니다

〈위의적정분(威儀寂靜分) 제 二十九까지〉

30. 하나로 합쳐 존재를 깨치다

-. 허공과 소리처럼
-. 대답하자니 그럴 뿐

> 만법이 하나로 돌아가는데
> 하나가 돌아가는 곳 이디인기?
> 무를 잘라봐야 무 속을 알듯
> 단칼에 그 하나를 베어버려라

爾時須菩提白佛言。世尊。善男子善女人。發阿耨多羅三藐三菩提心。云何應住。云何降伏其心。佛告須菩提。善男子善女人。發阿耨多羅三藐三菩提心者。當生如是心。我應滅度一切眾生。滅度一切眾生已。而無有一眾生實滅度者。何以故。須菩提。若菩薩有我相人相眾生相壽者相。即非菩薩。所以者何。須菩提。實無有法發阿耨多羅三藐三菩提心者。須菩提。於意云何。如來於燃燈佛所。有法得阿耨多羅三藐三菩提不。不也世尊。如我解佛所說義。佛於燃燈佛所。無有法得阿耨多羅三藐三菩提。佛言。如是如是。須菩提。實無有法如來得阿耨多羅三藐三菩提。須菩提。若有法如來得阿耨多羅三藐三菩提者。燃燈佛則不與我授記。汝於來世當得作佛。號釋迦牟尼。以實無有法得阿耨多羅三藐三菩提。是故燃燈佛與我授記。作是言。汝於來世當得作佛。號釋迦牟尼。何以故。如來者。即諸法如義。若有人言。如來得阿耨多羅三藐三菩提。須菩提。實無有法。佛得阿耨多羅三藐三菩提。須菩提。如來所得阿耨多羅三藐三菩提。於是中無實無虛。是故如來說一切法皆是佛法。須菩提。所言一切法者。即非一切法。是故名一切法。須菩提。譬如人身長大。須菩提言。世尊。如來說人身長大。則為非大身。是名大身。須菩提。菩薩亦如是。若作是言。我當滅度無量眾生。則不名菩薩。何以故。須菩提。實無有法名為菩薩。是故佛說一切法。無我無人無眾生無壽者。須菩提。若菩薩作是言。我當莊嚴佛土。是不名菩薩。何以故。如來說莊嚴佛土者。即非莊嚴。是名莊嚴。須菩提。若菩薩通達無我法者。如來說名真是菩薩。

허공과 소리처럼

"또랑또랑……." 밤새도록 귀뚜라미 웁니다
저야 오늘 밤 새워 저 소리 듣지만
제가 듣고 난 나머지 소리는 누가 들을까요
풀잎이 들을까요 밤말 듣는 쥐가 들을까요
아님, 저 하늘의 별님이 듣고 있을까요
저 말고 또 밤샘하는 이 많아
"또랑또랑……." 저 소리 듣는다손 쳐도
다 듣지 못하고 놓치는 소리 분명 있을 터
그 소리들 모두 어디로 갈까요?
비단 귀또리 우는 소리만이 아닙니다
방금 지난 신문배달 오토바이 소리
아침이면 아침을 깨우는 새소리, 구청의 청소차 소리
등교하는 학생들 발자국 소리, 그 다음엔
골목을 서행하는 마늘장수, 수박장수, 고물장수, 개장수…….
"사시오—,사시오—" 하는 핸드스피커 소리
멀리 도로변의 차 소리, 하늘의 헬기 소리까지
세상은 소리로 꽉 차

풍선처럼 세상, 터질 것 같지 않습니까?
하루 이틀도 아니고 긴 세월 이어진 소리들
다 어디로 갔을까요?
이 세상에 인연 없이 그냥 사라지는 것은 없고
우리가 녹음기로 소리를 저장할 수 있듯
방금 들먹인 소리들 다 가는 데 있어
그 곳은 다름 아닌 허공입니다
허공이 아니면 소리를 들을 수도 없지만
허공이 아니면 소리가 갈 곳도 없으니
끝끝내 소리는 허공이 됩니다
소리가 허공이 되므로
허공이 소리이고 소리가 허공이라
허공과 소리는 같은 것 같습니다
허나, 소리는 나타남이고 허공은 나타남이 아니라서
허공과 소리는 다른 것도 같습니다
허공과 소리처럼
모습 없는 모습인 법신*과 나타나는 모습인 화신이
같은 것도 같고 다른 것도 같습니다
세존께서 조금 전에
'겉모양으론 여래를 볼 수 없다' 단언하셨으니
법신과 화신은 분명 다른 것 같고
다시 일러

'나타남의 원인인 복덕을 떠나지 말라' 하셨으니
법신과 화신은 같은 것도 같습니다
무엇이 참인 지 말씀해 주옵소서

---

*법신(法身): 삼신(三身)의 하나. '장엄정토분 제10' 116쪽 「돌이 모여 돌탑을 이루지만」의 주(註) 참조. 이 시는 '법신과 화신은 같은가? 다른가?' 하는 수보리의 25번째 의심이다. 이에 대한 대답이 '지견불생분 제31'까지 이어지는데, 다음 「대답하자니 그럴 뿐」은 물질세계를 들어 말하는 것이고, 31분(分)에서는 정신세계를 들어 말하는 것임을 알아두면 이해가 편하다.

대답하자니 그럴 뿐

허공 속에서 소리를 찾을 수 없으므로
소리는 허공이 아니며
소리 속에서 허공을 찾을 수 없으므로
허공 역시 소리가 아니라서
허공과 소리는 별개처럼 보이지만
허공이 소리를 담기에
소리는 허공이 되며
소리가 허공에 들기에
허공 또한 소리가 되므로
허공과 소리는 별개가 아니다
이와 같이 소리가 허공이 아니면서
소리는 허공이 되고
허공이 소리가 아니면서
허공은 소리가 되므로
허공과 소리는 같은 것도 아니고 다른 것도 아니다
대답하자니 그럴 뿐
실제 허공은 아무런 모습이 없으므로

없는 것이 허공이고
없는 것이 허공이므로 허공은 없고
소리 또한 허공 속에 들어 허공이 되니
소리도 없어
부르자니 허공이라 하고 부르자니 소리라고 할 뿐
실제로는 없는 것이라서
'허공과 소리가 같은가? 다른가?' 하는 분별은
공연한 짓이 되고
삼천대천세계를 잘게 부순 티끌이라는 것도
세계 속에서 나왔으므로 본래 없었던 티끌이고
본래 없었던 티끌이라서 티끌은 티끌이 아니고
부르자니 티끌이라 할 뿐이다
세계라는 것도 마찬가지로
티끌이 모여 세계를 이루므로 본래 없었던 세계이고
본래 없었던 세계이므로 세계는 세계가 아니고
부르자니 세계라 할 뿐이다
이와 같이 티끌이 세계가 아니면서
티끌은 세계가 되고
세계 또한 티끌이 아니면서
세계는 티끌이 되므로
티끌과 세계는 같은 것도 아니고 다른 것도 아

니다
 대답하자니 그럴 뿐
 실제 세계가 참으로 있는 것이라면
 한 덩어리로 있어야 하지만
 이것저것 다 모인 것이 세계이므로
 한 덩어리란 것은 찾을 수 없고
 한 덩어리란 것은 찾을 수 없거늘
 다만 범부들의 집착이 한 덩어리로 볼 뿐이다
 그래서
 '티끌과 세계가 같은가? 다른가?' 하는 분별 역시
 공연한 짓이 된다
 결론 지어
 소리는 허공이 아니면서
 소리가 허공이 되고
 티끌은 세계가 아니면서
 티끌이 세계가 되는 것처럼
 법신은 화신이 아니면서
 법신에서 화신이 나와
 법신이 화신이 되고
 화신은 법신이 아니면서
 화신이 법신으로 돌아가
 화신이 법신이 되므로

법신과 화신은 같은 것도 아니고 다른 것도 아니다
대답하자니 그럴 뿐
법신과 화신은
허공이나 소리, 티끌, 세계, 한 덩어리란 것이
그 이름만 있고 실제로 있는 것이 아닌 것처럼
없는 것이거늘
중생이 분별하는 마음으로
'같은가? 다른가?' 구분 지으려하니
이도 맞다 저도 맞다 말하는 것이지
없는 것에 무슨 구분을 짓나?
공연한 짓일 따름이다

〈일합이상분(一合理相分) 제 三十까지〉

31. 알음알이 본래 없다

-. 홍류동에서
-. 무주스님

> 방울방울 연못 위에 비가 내리면
> 방울방울 사라져 연못이 되어
> 방울방울 물방울 영 없음이로되
> 맑은 날 아이들의 돌팔매질에
> 방울방울 물방울 튀어 오른다

復次須菩提菩薩於法應無所住行於布施所謂不住色布施不住聲香味觸法布施須菩提菩薩應如是布施不住於相何以故若菩薩不住相布施其福德不可思量須菩提於意云何東方虛空可思量不不也世尊須菩提南西北方四維上下虛空可思量不不也世尊須菩提菩薩無住相布施福德亦復如是不可思量須菩提菩薩但應如所教住須菩提於意云何可以身相見如來不不也世尊不可以身相得見如來何以故如來所說身相即非身相佛告須菩提凡所有相皆是虛妄若見諸相非相則見如來

須菩提若善男子善女人以三千大千世界碎為微塵於意云何是微塵眾寧為多不甚多世尊何以故若是微塵眾實有者佛則不說是微塵眾所以者何佛說微塵眾則非微塵眾是名微塵眾世尊如來所說三千大千世界則非世界是名世界何以故若世界實有者則是一合相如來說一合相則非一合相是名一合相須菩提一合相者則是不可說但凡夫之人貪著其事須菩提若人言佛說我見人見眾生見壽者見須菩提於意云何是人解我所說義不不也世尊是人不解如來所說義何以故世尊說我見人見眾生見壽者見即非我見人見眾生見壽者見是名我見人見眾生見壽者見須菩提發阿耨多羅三藐三菩提心者於一切法應如是知如是見如是信解不生法相須菩提所言法相者如來說即非法相是名法相

홍류동*에서

벌써 40년이 넘었구나
아버지 돌아가신 지 3년 만에
어머니 꿈속에 아버지 나타나서
'나는 해인사*에서 공부 잘 하고 있다'며
'고생 되더라도 잘 참아라'며
어머니 어깨 다정스레 토닥거려 주고
장삼자락 너울대며 가셨다고
꿈이라도 꿈이 아니라 믿는다며
어머니 자랑으로 하시던 말씀이―
오늘 홍류동 물이 되어 흐르는구나
그 후로 어머니는 애옥살이에
육남매 키우느라 통 짬이 없어도
1년에 한 번 정대불사* 때엔
거의 어김없이 해인사 다녀오셨지
내가 출가하여 스님이 되자
어머닌 날 보고 아버지를 보신 듯 좋아하셨지
어머니 환갑날 사흘인가 앞두고
날 찾아 동화사에 오셨을 때

하룻밤 재워드리지도 못하고 차갑게 돌려보냈
었는데
그 날 후로 어머니는 무려 열흘 동안
아무에게도 알리지 않고 종적을 감추셨지
형님, 누나들 걱정이 태산 같았고….
훗날 알아보니 어머니는
해인사에서 열흘간 지내셨다 하셨다
홍류동에서 오늘 잔잔히
어머니의 지난 시간 돌아보니
어머니는 해인사에 기도하러 가신 게 아니라
내내 아버지를 보러 가신 거였다
오늘 홍류동 계곡물에 발 담그고 앉아
어머니 생각에 내 시름도 잊고
세찬 물소리에 또 나를 잊는다
잊는다는 것은
마음이 붙들려 있지 않다는 것이고
마음이 붙들려 있지 않다는 것은
마음이 고정된 실체가 아니란 말이고
마음이 고정된 실체가 아니므로
'내 생각이 이거다' 하고 고집할 수 없고
설사 고집한다 하여도 허물이 되니
누구든지 마음의 바탕은

나와 남이라는 견해가 없고
뭇 생명이 따로 있다는 견해가 없으며
목숨의 장단이 있다는 견해가 없음이라
그러한 견해가 없으므로
세존께서 견해를 설하신 바 있다 하더라도
견해를 설하신 바 있는 것이 아니고
또 그러한 견해가 본래 없는 까닭으로
나와 남이라는 견해는
나와 남이라는 견해가 아니고
나와 남이라는 견해가 아니므로
나와 남이라는 견해라 하고
뭇 생명이 따로 있다는 견해는
뭇 생명이 따로 있다는 견해가 아니며
뭇 생명이 따로 있다는 견해가 아니므로
뭇 생명이 따로 있다는 견해라 하며
목숨의 장단이 있다는 견해는
목숨의 장단이 있다는 견해가 아니고
목숨의 장단이 있다는 견해가 아니므로
목숨의 장단이 있다는 견해라 하나니
그런 결과로 '내 마음이다' 할 마음이 없고
그 마음이 없으므로 저 산이 물길을 내주듯이
'이거다 저거다' 하고 분별하는 작용 사라져

지금 내가 어머니 생각에 내 시름 잊은 것처럼
물소리에 또 나를 잊은 것처럼
'법신과 화신은 같은가? 다른가?' 따질 일이 없어
그저 바위에 앉았으니
홍류동이 나인 지, 내가 홍류동인 지
전혀 모릅니다
저 바위에 고운*의 시가 지금 나와 딱 맞아
죄송하지만 옮겨 갑니다

미친 물 바위 치며 산을 울리어
지척에서 하는 말도 분간 못 할레라
행여나 세상시비 귀에 들릴까
흐르는 물 시켜 산을 감쌌네

---

*홍류동(紅流洞): 가야산 해인사 입구의 계곡 이름.
*해인사(海印寺): 세계문화유산인 팔만대장경이 있는 대한불교조계종 제12교구 본사. 법보종찰로서 삼보사찰 중의 하나.
*정대불사(頂戴佛事): 매년 음력 3월 10일경 해인사에서 예전에 팔만대장경을 이운한 모습을 재현하여 경을 머리에 이고 마당을 도는 행사를 말한다.
*고운(孤雲): 최 치원(857~?), 신라 말기의 문장가. 위에 옮긴 시는 천년을 넘어 오늘도 홍류동 바위 벼랑에 새겨져 있다.

무주(無住)스님

 내 방에는 '이뭐꼬'라고 써 진 무주스님의 달마도가 걸려 있다
 지팡이를 어깨에 걸치고 짚신 한 짝 달고 가는 형색으로 보아
 아마 총령* 고개 넘어가는 달마일 게다
 얼굴과 몸매가 비쩍 말라 있어 내 방에서 본 사람들은 전부
 내가 '달마도'라고 먼저 말해주기 전에는
 아무도 그 그림이 달마도인 줄 모른다
 '달마'라는 표시가 없는 '달마도' —그 점에서 그림은 꼭 무주스님과 닮았나
 스님은 1년에 반은 절에 선방에서 살고
 반은 부산 범일동 산동네의 쪽방에서 사는데
 선방에 있을 때는 정진하면서도 정진하는 표시가 없고
 쪽방에 있을 때는 스님이면서 스님이란 표시가 없다
 40안거 넘게 성만하셨으면서 선방 분위기 따라
 있는 듯이 없는 듯이 살지 구참 티내는 법 없고

곡차라도 있으면 그 철 살림은 깨달으나마나 흡족하다
쪽방에 들어서는 작업복 갈아입고 고물 주워 팔아
먼저 간 형이 남긴 조카 둘 공부시키며 힘든 기색 없이
방 사방을 메운 고물과 함께 늘 웃으며 산다
만해전 초대작가에다 전시회도 여러 번 열었으면서
팜플릿에 그 흔한 작가이력도 넣은 적 없다
그래선지 선화(禪畵)로는 이 땅에서 손꼽히는 작가이면서
그림이 돈이 된 적은 별로 없다
스스로 드러내지 않고 스스로 재지 않으니 속 모르는 사람들은
알아줄 줄 모른다
그림 보시는 얼마나 후하신 지−
누가 '그림 한 장 그려주시오' 하면 '그러지 뭐'하며 선뜻 그려주신다
어떤 화가는 제 그림값 떨어질까 봐 벌벌 떨며
제 그림 개수까지 관리한다는 말 들은 적도 있는데
무주스님은 달라는 대로 다 주신다
한 번은 내가 '달마도 1000점 그려줄 수 있수?' 했더니

'그러지 뭐' 하시더니 잠도 안 주무시고 그랬는지
 7일 만에 낙관까지 손수 찍어 1000점 보자기에 싸 주셨다
 나 같으면 낙관만 찍어도 그 날수로는 모자라지 싶은데….
 나는 '스님이 신통력을 부렸다'는 농으로 고마움을 전했지만
 그 말이 농이 아니고 진짜일 수도 있다
 내 방에 걸린 그림이 그때 그 그림이다
 이래저래 선물하고도 아직 900점이 보자기 속에 잠자고 있다
 이처럼 무주스님은 무주라는 이름조차 금강경의 뼈대와 꼭 같듯이
 공부가 깊으면서도 깊은 표시가 없고
 멋지게 그린 그리면서도 당신 그림 내세우지 않는다
 그 모습이
 아뇩다라삼먁삼보리의 마음을 낸 이가 사물을 대할 때나
 일어나는 마음을 대할 때나
 사물이나 마음의 배후에 존재하는 것이 없다는 걸 알며
 사물이나 마음의 배후에 존재하는 것이 없는 걸

보며
 사물이나 마음의 배후에 존재하는 것이 없는 걸 믿어 이해하고
 지금 바로 여기
 사물이나 마음을 있는 그대로 대할 뿐
 스스로 깨달아도 깨달았다는 생각을 내지 않는 모습과
 같아서
 티 안 나서 모른다 뿐이지 무주스님은 분명 도인인 것이다
 깨달았다는 생각이란 것도 깨달았다는 생각이 없는 것이므로
 깨달았다는 생각은 깨달았다는 생각이 아니고
 그 이름이 깨달았다는 생각이라고 하는 것이니
 다시
 깨달았다는 생각이 아니라 함은 적멸의 고요함이요
 깨달았다는 생각이라 함은 삼라만상이 빛을 내뿜음이라
 존재와 현상은 다른 이름이 아닌 까닭에
 '법신과 화신은 같은가? 다른가?' 물을 수 없다
 동전의 양면에서 앞과 뒤를 따질 수 없는 것처럼….

무주스님은 해제일이 한참 지났는데도 어째 소식이 없다

---

*총령(蔥嶺): 중국 남북조 시대 양나라 송운이라는 관리가 인도에 사신으로 갔다가 본국으로 돌아오는 길에 지팡이 끝에 짚신 한 짝을 달고 걸어오는 달마대사와 만난 곳으로 아마 지금의 히말라야산맥의 한 곳이 아닐까 한다. 그 전에 이미 달마대사는 누군가의 모함으로 처형당해 웅이산에 묻혔는데 그 사실을 몰랐던 송운은 황제에게 달마대사와 만난 사실을 보고하였고 이상히 여긴 황제가 달마대사의 무덤을 파서 확인하니 달마대사의 시신은 온데 간데 없고 짚신 한 짝만 달랑 남아 있었다고 전한다.

〈지견불생분(知見不生分) 제 三十一까지〉

32. 형상으로 나타나는 건 참이 아니다

- 용서 하소서
- 매순간이 설법이지만
- 적멸에 들면
- 공존의 이유

> 풀잎 맺은 이슬처럼 이 세상 덧없어도
> 날마다 밤하늘에 별빛 반짝이고
> 시냇물은 달리며 메아리는 울리고
> 새들 지저귀고 나무들은 자라며
> 꿈꾸는 너의 미소는 오늘도 빛난다
> 덧없어도 이 세상 모질게 아름답다

爾諸菩薩世尊善男子善女人發阿耨多羅三藐三菩提心應云何住云何降伏其心佛言善哉善哉須菩提如汝所說如來善護念諸菩薩善付囑諸菩薩汝今諦聽當為汝說善男子善女人發阿耨多羅三藐三菩提心應如是住如是降伏其心唯然世尊願樂欲聞佛告須菩提諸菩薩摩訶薩應如是降伏其心所有一切眾生之類若卵生若胎生若濕生若化生若有色若無色若有想若無想若非有想非無想我皆令入無餘涅槃而滅度之如是滅度無量無數無邊眾生實無眾生得滅度者何以故須菩提若菩薩有我相人相眾生相壽者相即非菩薩復次須菩提菩薩於法應無所住行於布施所謂不住色布施不住聲香味觸法布施須菩提菩薩應如是布施不住於相何以故若菩薩不住相布施其福德不可思量須菩提於意云何東方虛空可思量不不也世尊須菩提南西北方四維上下虛空可思量不不也世尊須菩提菩薩無住相布施福德亦復如是不可思量須菩提菩薩但應如所教住

須菩提若善男子善女人以三千大千世界碎為微塵於意云何是微塵眾寧為多不須菩提言甚多世尊何以故若是微塵眾實有者佛則不說是微塵眾所以者何佛說微塵眾則非微塵眾是名微塵眾世尊如來所說三千大千世界則非世界是名世界何以故若世界實有者則是一合相如來說一合相則非一合相是名一合相須菩提一合相者則是不可說但凡夫之人貪著其事須菩提若人言佛說我見人見眾生見壽者見須菩提於意云何是人解我所說義不不也世尊是人不解如來所說義何以故世尊說我見人見眾生見壽者見即非我見人見眾生見壽者見是名我見人見眾生見壽者見須菩提發阿耨多羅三藐三菩提心者於一切法應如是知如是見如是信解不生法相須菩提所言法相者如來說即非法相是名法相須菩提若有人以滿無量阿僧祇世界七寶持用布施若有善男子

용서 하소서

지금껏 여러 차례
이 경의 사구게만 받아 지녀도
그 복 한량없다고 하신 말씀
모두 화신부처님의 말씀이라서
당치 않지만 다음 생각 일으키나니

용서 하소서
바로 앞서 '알음알이 본래 없다'는 세존의 메시지에
귀 닫은 것도 아니고 딴 세계에 갔던 것도 아니고
알아듣지 못한 것도 아니며
제가 몰라서 드리는 말 또한 아니오나
끝내 알음알이 내는 중생 위하여
'법신과 화신이 같지도 않고 다르지도 않다'는 말씀에 맞추어
다시 여쭈옵나니
법신과 화신이 다르다면

물 속에 비친 달이 실제 달이 아니고
거울 속에 비친 그림자 실제 모습 아니듯이
화신은 법신의 그림자일 뿐 참이 아니며
법신과 화신이 같다면
소리가 허공에 들어 허공이 돼 버리듯
화신이 법신에 들어 법신이 되니
화신은 공연한 이름일 뿐 참이 아니므로

화신부처님이 지금껏 하신 설법도
설법이란 이름뿐이고 실체가 없으리니
허새비가 아이보다 행세를 못 부리듯
실없는 그 말 지니어 무슨 복이 생긴다고
자꾸 '사구게만 지녀도 복이 한량없다'
말씀하시는 겁니까?
나무에서 물고기를 얻으란 말로 들리니
어찌합니까?
당치 않은 중생의 분별
용서 하소서

매순간이 설법이지만

그대여
거울 앞에 서 보라
거울은 그대 모습 그대로 비춘다
그대로 비출 뿐
이래라 저래라 요구하지 않는다
그것이 거울의 설법이다
그대여
선풍기를 켜 보라
선풍기는 날개를 돌려 바람을 낸다
바람을 낼 뿐
바람을 쐬라 마라 하지 않는다
그것이 선풍기의 설법이다
비추기 전에 거울은 침묵이지만
늘 비추고 있고
돌기 전에 선풍기는 침묵이지만
늘 바람을 품고 있다
화신불의 설법도 별다르지 않아
손대면 톡 터지는 봉선화처럼

물으면 대답하고
가려면 일어서고 쉬려면 앉으며
배고프면 밥 먹고 잠 오면 잠잔다
매순간이 설법이지만
저 거울이 늘 비추듯
저 선풍기가 늘 바람을 품듯
늘 무상(無相) 속에 있으므로
대상에 붙들리지 않으며
대상을 붙들지도 않으며
대상에 물들지 않으며
대상에 변함이 없으며
대상에 흔들리지 않는다
이것이 화신불의 설법이다
그러므로 무상을 얻게 하는
이 경의 사구게를 지니거나
남에게 말해주는 공덕이
누가 저 오랜 세월 동안 물질로써 보시한 복보다
왜 크지 않겠느냐
그렇듯이 그대가
대상에 붙들리지 않고 대상을 붙들지 않고
대상에 물들지 않고

대상에 변함없고 대상에 흔들리지 않고
남에게 무상을 말해 준다면
그대는 여래의 화신이 되며
그마저 참이 아닌 줄 알면
바로 여래로 돌아간다

적멸에 들면

적멸에 들면
어떻게 설법하나요?

세존이시여
아까는
여래가 오고 감이 없어
늘 적멸에 들어계신다 하시고
지금은 여래께서
무상(無相)을 종(宗)으로 삼아
매순간 설법하신다 하시니
적멸은 고요함이고
설법은 떠드는 것
이 둘이 정반대인데
상반된 두 가지가 어찌
공존할 수 있나요?

공존의 이유

'사랑한다' 말하기 전에 사랑은 시작되었고
'미워한다' 말하기 전에 미움이 시작되었다
'꽃 피었다' 말하기 전에 꽃은 피고 있었고
'꽃 졌다' 말하기 전에 꽃은 지고 있었다
말 보다는 항상 침묵이 먼저이며
침묵 속에는 기쁨이든 슬픔이든 들지 않은 것이 없고
미리 속을 보여주지는 않지만
침묵은 우리 인생 고락(苦樂)이 든 창고가 된다
사랑하는 사람이 사랑을 꺼내 쓰든지
미워하는 사람이 미움을 꺼내 쓰든지
'생각'이라는 재료는 똑같아
어떤 사람은 사랑이라는 양념을 버무려 사랑을 먹고
어떤 사람은 미움이라는 양념을 무쳐 미움을 먹는다
꽃인들 왜 생각이 없겠나
'피다'는 생각을 심어 이슬 먹고 양분 먹어 피고
'진다'는 생각을 심어 빛을 먹고 바람 먹어 지는 것이다
너의 탄생도 너의 죽음도 마찬가지로
스스로 심고 스스로 거두는 것

어떤 선택이든 어떤 결과든, 빛이라도 어둠이라도
모든 것이 침묵에서 시작되었고
침묵에서 시작되었기에 돌아가는 곳도 침묵이 되므로
사랑이든 미움이든, 꽃이 피든 꽃이 지든
나타나는 것은 모두 이 허망하여
스스로 괴로움 만들 까닭이 없고
이거 아니면 안 된다며 집착할 필요도 없다
행복하려면 일어나는 생각마다 스스로 빛으로 물들여라
침묵은 침묵이기에 해칠 수도 없고 해쳐지는 것도 아니지만
너의 비난이나 게으름, 좌절·시기심·폭언 등으로
오염시켜선 안 된다
물론 침묵이 오염되는 것 또한 아니지만 창고이기에 언젠가
네가 묻어놓은 그들이 너에게 돌아갈까 걱정인 것이다
부처의 설법도 너의 깨침도 침묵의 집 안에서
최상의 아름다움으로 집을 꾸몄다
자기 집 예쁘게 꾸미고 싶지 않은 사람 어디 있을까
만족·기쁨·감사·성공·평화·안정·사랑·화합 등등
순간순간 너의 선택으로 세상은 꾸며지는 것이다
이것이 공존의 이유이다

이제 나, 설함을 마치나니
요즘은 까치를 이기는 새가 잘 없다

신·수·봉·행(信·受·奉·行)

〈응화비진분(應化非眞分) 제 三十二까지〉

시집간 금강경(詩集刊金剛經)

첫판 1쇄 펴냄 2012년 3월 5일

응 송 석 호
펴낸이 이 성 한
펴낸곳 도서출판 연화
인 쇄 한 글 사

등 록 2001. 10.5. 제 03-01-490호
주 소 대구시 중구 남산동 932-27번지
전 화 053) 253-1923
전 송 053) 254-8711

ISBN 978-89-960374-3-9

*책값은 표지 뒷면에 있습니다.
*잘못된 책은 바꿔 드립니다.